会计经典学术名著

MORE THAN A NUMBERS GAME

A BRIEF HISTORY OF ACCOUNTING

会计简史

托马斯·金（Thomas A. King）◎著
周 华 吴晶晶◎译

中国人民大学出版社
·北 京·

译者序

正如本书作者所言，会计学领域不乏经典的教材和著作。在美国，关于会计史和会计理论的研究传统由来已久，研究成果颇为丰硕。利特尔顿（A. C. Littleton）所著的《1900年前会计的演进》（*Accounting Evolution to 1990*），从复式簿记的产生与发展过程的角度揭示了会计的本质及其演进规律。迈克尔·查特菲尔德（Michael Chatfield）所著的《会计思想史》（*A History of Accounting Thought*），描绘了从古文明到现代社会会计发展的基本轮廓，通过对那些具有深远影响的会计思想的整理和评述，系统梳理了会计理论的发展演变过程。加里·约翰·普雷维茨（Gary John Previts）与巴巴拉·达比斯·莫里诺（Barbara Dubis Merino）合著的《美国会计史：会计的文化意义》（*A History of Accounting in America: An Historical Interpretation of the Cultural Significance of Accounting*），以会计和经济的互动发展为切入点阐释了会计的文化意义。

总体来看，多数会计史著作侧重于阐释会计思想或会计基本原理的发展演变过程，具有高度的抽象性和理论性。然而，很多对会计史感兴趣的实务工作者却因其理论性较强，常常望而却步。

相比较而言，本书的特色主要体现在以下三个方面。

第一，篇幅紧凑，追本溯源地以近一个世纪以来会计领域最具争议的若干重点问题为线索，分专题阐述了一些重要会计规则的出台背景。这些颇具争议的会计问题，包括所得税会计、通货膨胀会计、无形资产的核算、股票期权、会计信息披露等。本书以财务会计为重点，但又不仅限于此，而是涵盖了财务会计、税务会计、成本会计、管理会计等多个会计学分支。本书意在向读者展示每一种会计理论、每一项会计规则背后所反映出来的深刻的社会背景，揭示经济、政治（主要是法律和政策）、文化等因素对会计发展的综合影响，帮助读者既知其然又知其所以然，帮助读者深刻理解当前纷繁复杂的会计准则体系。

第二，内容深入浅出，语言平实幽默，适合作为管理者和研究者的基础性读物。事实上，本书作者正是会计实务界的资深人士，拥有注册会计师审计、财务会计、管理会计等实务经验。他在这些工作中形成的体会和观点，相信能够给实务工作者带来很多启发。

第三，结论发人深省，对处于会计准则国际趋同进程中的中国具有独特的启发价值。作者写道，“从某种意义上说，经过近百年的演化与发展，会计已经从美国铁路企业向远在英国的投资者展示企业良好状况的沟通媒介，变成了企业进行财务欺诈的工具”。可见，美国证券市场上的公认会计原则日趋弹性化和复杂化的发展趋势，已经引起了有识之士的质疑和反思。通过阅读本书，读者将深刻体会到，所谓的“国际先进经验”可能并不先进。我国会计界应当有充分的理论自信和制度自信，在辩证分析域外理论的基础上，打造具有本土气派的会计理论和规则体系。

《会计简史》这部著作是十几年来我在创作《会计制度与经济发展》《法律制度与会计规则》《会计规则的由来》等“会计学原论”系列著作的过程中，所查阅的数以百计的著作中最令人印象深刻的佳作之一。2011 年 6 月系列著作初稿成型后不久，我就受国家留学基金和中国人民大学资助，赴哥伦比亚大学做访问学者。其间不无遗憾地发现，有很多境外的优秀学术著作都被我国学术界有意无意地忽略了（这有可能是当前流行的数量化科研考核制度的副作用)。我觉得这本清新隽永的佳作对我国会计界同仁、对非会计专业的高级管理人员具有一定的参考价值，于是，就向中国人民大学出版社推荐了此书。

本书翻译工作由我和中国人民大学商学院博士生吴晶晶共同完成。吴晶晶在本科和研究生在读期间一直专注于学习和钻研会计基础理论，她积极地申请参加翻译本书。我乐于看到青年学子能够深入探寻学科基础理论和学科史，所以欣然邀请她参加了本书的翻译。

中国人民大学出版社工商管理分社的于波和李文重同志为本书顺利翻译出版做了大量工作，中国会计学会副秘书长田志心老师通读译稿并提出了很多很好的修改意见，在此深表谢忱。莫彩华、尤希琦等中国人民大学商学院“会计学原论”研究组成员提出了不少中肯建议，在此一并表示感谢。本书是国家社会科学基金重大项目“面向国际趋同的国家统一会计制度优化路径研究”(项目编号 16ZDA029) 的阶段成果。感谢中宣部全国哲学社会科学规划办公室、国家社会科学基金、同行评审专家和业界同仁的大力支持。

当然，限于译者的识见和能力，谬误在所难免，敬请读者不吝指正。

周 华

序

会计学领域不乏经典的教材和专著。在过去25年里，我通过阅读这些书籍，学会了如何编制、解释、使用并审计公司的会计报表。然而在这浩如烟海的资料库中，鲜有文献能够解释清楚六大会计问题的来龙去脉，这六大会计问题包括通货膨胀会计、盈余波动、无形资产、负债、期权和会计盈余。我希望本书能够在一定程度上填补这一空白。

大部分学生和实务工作者通常只关注“如何做账”的问题，这导致其在进行财务分析时往往拘泥于按照书中的方法，机械地计算并使用每股收益等财务指标。但报表编制者在对诸如非经常性损益或股票期权激励计划等事项进行账务处理时往往有不同的意图，其处理结果也会因意图不同而不同。如果忽略这一点，财务分析的结果很可能会出现偏差。有鉴于此，本书将着重阐述“为什么这么做账”的问题，以帮助读者既知其然，又知其所以然。

撰写本书的灵感来自美国证监会前主席亚瑟·莱维特（Arthur Levitt）1998年在纽约大学发表的著名演讲。莱维特在演讲中猛烈抨击了当时实务界盛行的且被认为是合理的盈余管理行为，并成功预言了三年后的财务丑闻浪潮。从某种意义上说，经过近百年的演化与发展，会计已经从美国铁路企业向远在英国的投资者展示企业良好状况的沟通媒介，变成了企业进行财务欺诈的工具。

本书的重点不在于记录这些财务丑闻，而在于阐述各类会计思想和理论的演变历程。每章都围绕一个 21 世纪最具争议的会计问题展开，重点介绍问题产生的历史背景及各方观点，充分展示了宏观经济、资本市场、法律制度、商业惯例对会计的影响。此外，本书运用大量轻松幽默的轶事和例子来增强可读性和趣味性。

本书记录了我在工作中形成的见解和观点。我长期从事会计相关工作，包括参与设计制造业、服务业企业的成本会计系统和薪酬激励计划，同税务、监管部门打交道等。这些工作经历让我深刻地体会到会计账簿中的数字对个人的职业生涯，对组织的项目决策和商业前景的影响。

我的工作涉及财务报表的编制、解释、使用和审计等方方面面的内容：我曾在八大会计师事务所之一担任审计人员（审计财务报表），在《财富》500 强公司担任财务总监（编制财务报表），曾是一家公司的总经理和非营利组织的董事会成员（使用财务报表），曾从事投资者关系管理工作和会计教学活动（解释会计信息）。最重要的是，我亲身经历了一次重大的审计失败事件。

这些工作经历让我意识到会计这门商业语言是由很多不同的分支构成的，我们应当从不同的视角去理解会计。时下的会计著作大多关注财务会计，忽略了成本会计、税务会计和监管会计。但事实上，这些分支都是会计学的有机组成部分。

通过阅读本书，您将对会计领域的重大问题及其历史背景有基本的了解。读完最后一章后，您就可以参与讨论几乎所有的会计问题了。会计于我而言既是工作又是爱好，说真的，会计其实很有趣。

很多人都会在序言中致谢，我曾对此颇有些不以为然，但当我提笔时才发觉要感谢的人实在太多了。我要感谢我的同事们，没有他们的帮助和支持，我无法完成本书的撰写。Marion Brakefield 不厌其烦地帮我修改图表；John Burchard 和 Scott Gould 帮我找到了很多珍贵的文献和案例资料；Jeff Basch，Don Chew 和 Tom Forrester 为本书的编排提出了很好的建议。约翰·威利父子出版公司的编辑 Stacey Farkas，Bill Falloon，Pamela van Giessen 和 Laura Walsh 敬业而又专业，耐心地教我处理与出版相关的事宜。

我要感谢我的父亲，是他鼓励我进入会计行业，让我这个一度十分厌恶会计的人最终发现了会计独特的美。我还要感谢我的祖父，是他教会了我以史为鉴的道理。他告诉我，获取知识的途径无外乎三种：一是亲身经历；二是他人转述；三是自主钻研。他还给了我很多遣词造句方面的建议，如尽可能使用主动语态，少用介词，力求动词的准确性等。

得益于俄亥俄州图书馆和信息网络，我在就近的公共图书馆就能获取俄亥俄州各高校的藏书。它让我在兼顾工作和家庭的同时完成了本书的撰写。最后，衷心感谢我的上司没有因为我将越来越多的精力用于写书而解雇我。从某种意义上说，我的行为充分印证了迈克尔·詹森（Michael Jensen）代理理论的观点。

本书的内容和结论仅代表个人观点。我相信，读者肯定会对本书的观点或至少是部分观点持不同意见。为了精减篇幅，我尽可能地提炼观点，力求语言精练简洁，由此造成的错误和纰漏由我自己负责。

目 录

第1章 复式记账法

复式记账法是人类史上最伟大的发明之一，它的出现意义深远。

——约翰·沃尔夫冈·冯·歌德（Johann Wolfgang von Goethe），《威廉·麦斯特》（*Wilhelm Meister*），1824年

1984年4月8日是个星期日，我原本在位于霍博肯的公寓里休息。这时候，我的顶头上司火急火燎地打了一通电话过来。我当时供职于一家名列“八大”会计公司的会计师事务所。我的顶头上司是审计经理，他不无焦虑地说，“咱们公司陷入会计危机了”。一听到发生了“会计危机”，我立刻兴奋起来，看来，我大显身手的时候到了！我脑海里立即涌现出了“大龙虾”“游艇”“比萨”等炫美欢乐的事物。——嗨，想多了，我们还是言归正传吧。

原来，我的顶头上司主抓的一项审计业务的客户企业持有大量的债券投资。当时市场上的利率水平逐步走高，这对其债券投资的价值产生了十分不利的影响。然而，该客户向美国证监会提交的财务报表并未反映其债券投资的浮动盈亏（即潜在的投资损失或持有损失）。投资者如果依赖该客户的会计报表信息进行决策的话，就有可能被误导。

我的会计学启蒙老师乔治·索特（George Sorter）教授（他是我就读纽约大学时的会计学教授）曾经说，世界上其实并不存在会计差错这

档子事。出于及时登记账簿的需要，会计师们所做的会计估计不可避免地会导致财务报告的偏差。但这种偏差会随着信息的增加而逐渐消除。就企业的整个生命周期来看，暂时性的偏差并不是多大的问题。根据索特教授传授给我的观点，那个客户所做的会计估计其实并无不妥。

但出乎意料的是，该公司后来更换了管理层，对财务报表进行了重述，被舆论推上了风口浪尖并被美国证监会调查。我所在的会计师事务所也因为执业失当而支付了相当可观的和解赔偿金。这让我深切地体会到，会计数字貌似枯燥，实则关系重大。

20 年后，接二连三的会计丑闻对美国商界造成了巨大冲击。在短短的 12 个月内，行业巨头安然（Enron）、环球电讯（Global Crossing）及世通（WorldCom）相继爆发丑闻。承揽其审计业务的安达信会计师事务所——我曾经的老雇主，全球最具影响力的会计师事务所之一——随之倒闭。美国国会颁布了自大萧条以来最严苛的联邦证券法修正案。这场大风波极大地激发了我的思考，促使我对美国会计史进行一番系统梳理和反思，这段历史从铁路大开发时期开始，一直延伸到《萨班斯-奥克斯利法案》出台。

每一段历史都是一个故事。但是，任何一个故事都不可能完整地再现所有史实。在浩瀚的历史长河中，史学家们只能基于自己的价值判断，将那些他们认为格外重要的史实梳理出来。[1]同理，本书所阐述的史实也仅仅代表作者的个人观点。本书力求以史为鉴、追本溯源，从而探寻美国历史上最大规模商业丑闻的发生原因。

公司财务报告（corporate financial reporting）最早出现于 19 世纪的美国，它是会计专业人士运用数量化的方法为富有冒险精神的企业家提供管理支持的结果。学者们将哲学和数学结合起来，创造出一种符号逻辑（symbolic logic）。阿尔弗雷德·马歇尔（Alfred Marshall）的《经济学原理》（*Principles of Economics*，1890）运用数学分析方法对经济学的理论架构进行了全新的阐释。埃米尔·迪尔凯姆（Emile Durkheim）的《自杀论》（*Suicide*，1897）运用统计方法对社会群体中的个体行为进行了数量化描述。[2]社会学家马克斯·韦伯（Max Weber）借用概率对因果关系进行解释。而会计人员则是运用货币价值来记录企业的交易事项。

本书着重探讨公司会计的重大历史事实，而不涉及独资企业、合伙企业、政府及非营利组织等的会计问题。公司制的企业凭借其无限存续、所有权可分割及有限责任等优点而在 19 世纪 90 年代称雄于美国，占据企业组织形式的主导地位。[3]鉴于公司制的组织形式能够更有效地满足社会的商业需求，伦敦劳合社（Lloyd's London）、高盛（Goldman Sach）等老牌企业纷纷进行了公司制改造。[4]

公司制的有效运行离不开对财产权利的有效保护和具有流动性的资本市场。1819 年，美国最高法院作出决议，限制政府干涉私人协议的权力。1769 年，英国国王乔治三世（George Ⅲ）签发特许状，批准设立达特茅斯学院（Dartmouth College）。这是在美国独立战争爆发前夕成立的最后一所大学。46 年以后，新罕布什尔州的立法机关试图将这所私立大学收归为州立大学。

为此，达特茅斯学院的杰出校友、后来担任美国国会议员和国务卿的丹尼尔·韦伯斯特（Daniel Webster）在联邦最高法院为母校抗辩，成功说服了时任联邦最高法院首席大法官约翰·马歇尔（John Marshall）。韦伯斯特说，州政府没有权力修改或妨碍私人契约（参见《美国宪法》第 1 条第 10 款的条款 1）。在这次演说中，韦伯斯特说出了那句流芳后世的名言："达特茅斯虽然只是一所很小的学院，但是毕竟有很多人热爱着它。"最后，马歇尔大法官在判决中重申，州政府不得干预私立组织的运行。

18 世纪 90 年代，一群商人在纽约曼哈顿岛的下城设立了一个交易所，专门从事政府债券的交易。1817 年 3 月，达特茅斯诉讼案仍在进行中。这时，该交易所的成员们联合起草了一份章程，宣告成立纽约证券交易管理处（New York Stock & Exchange Board）。后来，他们把名称简化为“纽约证券交易所”（New York Stock Exchange，NYSE）。纽约证券交易所后来发展成为全世界最大、流动性最强的证券市场，成为“华尔街”的同义词。它将买方和卖方集中起来，从而形成了高效率的价格形成机制，降低了权益证券（即股票）的所有权风险。

为了有效地保护财产权利、实现资本市场的良性发展，人们必须采取严格的措施，从而防范和遏制财务欺诈。会计数字恰好具有保护财产权利、保护资本市场的功能。会计数字可以遏制企业管理层恶意掩盖真实情况的空间。例如，我认识的一位企业高级管理人员为了有效控制其下属人员，就要求其在汇报时除了说“是”或“不是”以外，只能用数据说话。美国政府在报告越南战争的情况时一般会提供死亡人数的数据，那是因为定量的证据往往能令人信服。计算机厂商常常借助于统计数据来说明其产品的优势。

会计信息是对企业经济业务的量化描述。会计是一门主要的商业语言，它能够帮助债权人和投资者评估企业未来的现金流的数量、时间和不确定性。债权人关心未来是否能收回贷款；股票投资者则关注未来是否能收到稳定的股利。为了实现收入和费用的配比，更好地计算企业在特定期间的经营成果，一系列财务会计原则应运而生。

美国通过企业所得税法以后，联邦政府开始利用会计数据计算应纳税所得额。用于帮助政府评估纳税人的纳税义务和纳税能力的纳税会计由此形成。这样，企业往往需要设置两套会计账簿，分别用于满足企业管理和税务管理之需。

钢铁企业、汽车制造企业等试图发挥规模效应的企业为了降低单位产品成本，往往会投入巨额资金去建设庞大的基础设施。但大量的间接成本却是难以追溯分摊到每个产品的。对此，有些企业开发出成本分摊系统，它们这么做的目的是确保产品的定价能够弥补生产过程中所耗费的各种资源。因此，这些制造类的企业开始设置第三套会计账簿，以反映成本会计的信息。

此外，某些受特殊管制的企业有时需要提交偿债能力报告或合规性报告。为了维持其商业执照，银行、保险公司、公用事业单位和交通运输企业不得不设立第四套会计账簿。会计这门商业语言逐渐发展成为一门专业化的学科。

会计规则起源于早期的簿记实践（bookkeeping practices）。簿记一般用于指称会计的早期阶段。正所谓“师傅带学徒”“习惯成自然”。把美国证券市场上公认的规则汇集起来，就形成了公认会计原则（Generally Accepted Accounting Principles，GAAP）。但在大萧条之前，从来没有一个正式组织试图编纂或者修订公认会计原则，当然也就没有人能成功地将众多杂乱无章的会计规则编纂在一起。

基层的会计实务人员给财务报告留下了较大的操作空间，使得报告信息常常偏离事实。率先出面制定会计准则的机构是独立审计师行业的代言人——美国注册会计师协会（American Institute of Certificated Public Accountants，AICPA）。会计教育工作者和财务报表编制者对会计规则的制定几乎没有什么发言权。经济学家们虽然对资本市场的本质、金融证券和资产估值等话题拥有精深见解，但却很难赢得注册会计师行业及其客户的尊重。

会计师们善于将纷繁复杂的数据概括为简单的数据。财务会计能够把海量的经济业务浓缩为单一的统计指标——每股收益（earnings per share，EPS），以供成千上万的投资者用于证券投资决策，这种技术真是相当精妙！在这个意义上，会计行业其实已经变成向外部投资者和资金出借人传递企业财务状况和经营业绩等信息的金融分析工具。随着 20 世纪美国经济的高速发展，会计也在不断演化，从而得以持续地运用简单的术语，去描述日益复杂的经济业务。

会计在其发展过程中也会不可避免地遭遇一些阻碍，主要有三个方面。

其一，征收所得税和搜集成本信息的需要，导致会计演化出了不同的分支。没有谁能把所得税会计、成本会计和财务会计统一起来。这就导致会计学科缺乏统一性，再加上财务会计和纳税会计的分离以及备考盈余（pro forma earnings）的兴起，这些因素的叠加使得会计行业形成了一个“罗生门”式的信条：人们可以采用不同的方式报告同一件事情，这么做不会造成不良后果。

其二，金融服务搜集并发布金融分析师的各类盈余预测数据的做法渐渐兴起，从而形成了根据企业的利润数字是否达到金融分析师的盈利预测来评价企业业绩质量的习惯性做法。有些企业的管理层屈从于金融分析师的盈利预测的压力，往往会力保其每股收益高出金融分析师的盈利预测几美分，借此来证明其业务水平何其娴熟。这种捏造账簿数据的做法催生出更大的问题。

其三，会计报表编制者对经济学的进展很不重视。高校学者提出了很多有助于理解企业业务和会计报告原则的结果理论工具，但会计实务界却弃之如敝屣，以至于对市场表现做出了误判。

当股票市场在 20 世纪 90 年代出现严重泡沫时，上述三股力量扭在一起，导致公众公司近乎病态地恐惧和抵触记录盈余波动和高额负债的做法，泡沫越吹越大，最终导致了 2002 年证券市场的一系列特大舞弊案。

资产负债表是会计的起点。资产负债表的左侧列报的是用于保障企业实现其经营目标的资产，右侧列报的是外部投资者对资产的要求权。复式记账法（这一概念仍缺乏公认的定义）可以同时反映资产及其要求权的变化。德国哲学家奥斯瓦尔德·斯宾格勒（Oswald Spengler）曾在《西方的没落》（*The Decline of the West*，1928）一书中写道：“复式记账法的发明是欧洲经济史中具有决定性意义的事件。”

复式记账法并不能用于描述宇宙中广泛存在的对称性，它只是一种用于记录某一组织的资源的实用工具。复式记账法能够校验会计核算结果的正确性，能够帮助企业管理层追踪资产的权利归属（即其来源）。但复式记账法并非唯一的记账方法。有一位会计学教授就曾提出一种叫做“三式记账法”（triple-entry bookkeeping）的新颖记账方法。*

在复式记账法下，资产等于负债和股东权益之和，即我们所拥有的，减去欠别人的部分，剩下来的就是留给自己的部分。所有者权益代表股东对那些已经满足了所有外部要求权以后所剩余的资产的要求权。在清算时，企业会出售其全部资产，偿还其全部负债，剩余的部分就是归属于股东的财产权利。图 1－1 展示了该会计恒等式。

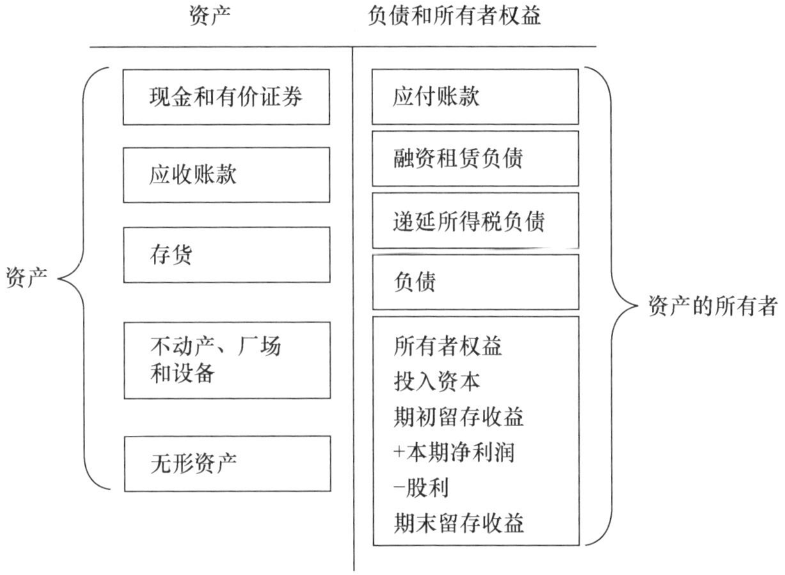

图 1－1　资产负债表反映了债权人和投资者对企业资产的索取权

会计核算包括确认、计量和列报。确认是指确定何时在账簿中进行会计记录。计量是指确定会计项目的货币价值。列报是指在资产负债表中报告。

当由于过去的交易而获得某项权利时，企业通常在资产负债表中记录一项资产。资产计价大多遵循历史成本原则。企业有时也会计提资产减值，以反映资产价值的减损。历史成本的惯例源于这样一种现实需要：人们需要用相对确定的货币价值计量财产权利（即未来的经济利益）。

* 这里指井尻雄士（Yuji Ijiri，又译伊尻雄治）教授。参见［美］伊尻雄治著，娄尔行译的《收益动量与三式簿记》(上海：上海人民出版社，1984)。

资产的计价方式五花八门。历史成本（即资产购置的对价）代表了真实交易中买卖双方自愿达成的价格，其优点是便于审计人员对资产余额进行核验。对于可从证券市场上轻松获取其价格的金融工具，其计价金额却逐渐从购买成本变成市场报价。

1894 年以来，为提高资产负债表对债权人的有用性，公认会计原则要求企业根据流动性从高到低的顺序排列资产或负债项目。[5]较难变现的资产列报于资产负债表的左下方。供应商、银行和债券投资者往往将企业的流动资产视为潜在的抵押品，以确保其能够按期收回所投放的款项。

负债列示于资产负债表右上方，代表企业对外应履行的义务。企业在承诺未来以现金、货物或服务清偿某项负债时，应当确认一项负债。

长期负债以未来现金支出的折现额计量，包括债券、租赁合同等。此外，与资产类似，负债按流动性从高到低列报。30 日内到期的应付款通常列示于最上方，而长期负债则列示于下方。

所有者权益是指资产减去负债后的余额，列示于资产负债表的右下角，反映归属于所有者的剩余权益。在早期，所有者权益的列报问题往往围绕原始资本投入和经营活动形成的留存收益而展开。一般情况下，企业应当以留存收益为限进行股利分配。

负债和股东权益共同构成企业的资本（capital），即长期资金。债券投资者和股票投资者可以在资本市场（如证券交易所）中交易所持份额的证券。

19 世纪末，为了进行债务融资，铁路企业率先尝试向不参与生产经营的债权人发布资产负债表。债券持有者利用资产负债表评估管理层受托责任的履行情况，并确定管理层是否存在窃取或滥用公司资产的行为。

财务会计的第二大成果是利润表。收入（revenue）账户和费用（expense）账户是对所有者权益的留存收益部分的详细记录，它们分别表示留存收益在特定会计期间内的增加和减少。[6]收入是指因交易事项而引起的企业资产的增加。费用是指为获取收入而耗费的资产。收入减去费用以及股利分配后的净额计入留存收益。

如果说历史成本是资产计价的基础，那么“配比”（matching）则是利润计算的基础。会计没有采用现金流入和流出的匹配，而是采用权责发生制，将一定会计期间内付出的努力（即费用）和所获得的成果（即收入）相匹配。为了配比收入和费用，会计常常需要借助于管理层的估计（例如，计提坏账准备、存货跌价准备或计算递延所得税等），这些信息对投资者和债权人颇具参考价值。

也许记账人员所做的最重要的会计决策，就是判断当期所耗用的资源是否能在未来的会计期间产生收入。如果答案是肯定的，则企业应该将其资本化（即作为一项资产在资产负债表中列示）；否则，就应将其费用化（即列作利润表中的减项）。我们还会在后续章节进一步讨论这一问题。

表 1－1 所列示的利润表充分说明了收入和费用如何影响资产负债表中的留存收益。从某种意义上说，特定会计期间内现金流入减流出的金额即为利润（income），代表公司预期能从当期交易中赚取的现金。至今，实务界和学术界仍然无法为“利润”或“最后一行项目”（bottom line）下一个公认的定义。

表 1－1　　利润表反映了留存收益的增减变动

期初留存收益		$ 50 000
销售收入	$ 100 000	
销货成本	(60 000)	
毛利	40 000	
销售和管理费用	(25 000)	
税前利润	15 000	
所得税	(5 000)	
经营活动的利润	**10 000**	
非经常性损益（税后净额）	2 000	
净利润	12 000	
向股东宣告的股利	(5 000)	
本期留存收益的增加额	$ 7 000	7 000
期末留存收益		$ 57 000

20 世纪 20 年代，随着股票投资者队伍的快速增长，利润表取代资产负债表成为最重要的财务报表。债权人关注借款是否能按期收回，相应地，资产负债表更为重要，因为资产负债表反映了企业潜在的抵押品及其他各方对资产的索取权，有助于债权人评价管理层受托责任的履行情况。而股东们则更关心企业未来的经营成果和股利支付能力，相应地，利润表更为重要，因为利润表能够帮助股票投资者评估被投资公司的股票价值。

华尔街特别关注企业通过持续的经营活动所产生的利润（income from continuing operations），即营业利润（operating income），如表 1－1 中的 10 000 美元。营业利润的概念虽然并不属于公认会计原则的范畴，但它是反映未来盈利能力和股利支付能力的主要指标之一。资产负债表被视为用于存放有待分摊至利润表的各种项目的"储物罐"。到了 20 世纪中期，企业会计的主要目标已经转变为计算盈余，以期帮助投资者进行股票估值。投资者大多用当期盈余乘以某些估值因素的办法来确定股价。于是，会计盈余和股票价格之间的关系便成为证券分析中最重要的相关关系。

在此期间，财务会计的目标开始有了新的变化。迈克尔·詹森（Michael Jensen）和威廉·麦克林（William Meckling）的《企业理论》（Theory of the Firm）是财务学史上引用率最高的论文之一。该文指出，管理层和外部投资者之间的利益冲突无法完全消除。即使是最忠诚的雇员，其偏好也跟外部投资者存在差异。"代理成本"（agency costs）是指因管理层和投资者利益不一致所导致的由股票投资者承担的损失。

股权高度分散、许多小股东不参与企业经营，这是美国公司制度的典型特征。美国第一家现代公司是 1813 年成立的纺织品企业波士顿织造（Boston Manufacturing）。到了 1830 年，公司股东从 11 人增加至 76 人，第一大股东的持股比例不超过 8.5%，公司全体董事共持有 22%的有表决权股份。这意味着，没有一位股东可以单独决定公司的发展战略。到了 1930 年，诸如美国电话电报公司（AT&T）、美国钢铁公司（United States Steel）以及宾夕法尼亚铁路公司（Pennsylvania Railroad）等巨型公司的第一大股东的持股比例均不超过 1%。[7]

股权的高度分散意味着任何一位股东都无法单独影响管理层的行为。由于管理层控制着股东投票表决的程序，因此，两权分离给管理层滥用职权提供了便利。一个典型案例是，20 世纪 80 年代，纳贝斯克公司（RJR Nabisco）的管理层居然花费巨额资金为自己购买了炫酷的私人飞机。

为了使管理层的利益与自身保持一致，投资者和债权人通常选择订立基于财务数据的合同。常见的如基于会计业绩的薪酬计划，与盈余或负债率挂钩的债务契约，等等。当银行的资本金水平低于监管要求时，金融监管当局也会采取监督措施。此外，工会常常将会计利润用作劳工合同谈判的基础资料。到了 20 世纪末，会计利润和负债比率更是成为会计报表编制者非常关心的重要问题。

【注释】

[1] Cart, *What Is History?*, Chapter 1.

[2] Hudson, *History by Numbers*, p. 37.

[3] Previts and Merino, *History of Accountancy*, p. 175.

[4] Micklethwait and Woolridge, *Company*, p. 128.

[5] Hendriksen, *Accounting Theory*, p. 59.

[6] Flegm, *Accounting*, p. 31.

[7] Berle and Means, *Modern Corporation*, pp. 10-11, 47.

第2章 铁路时代

事实上，为了给铁路建设筹集资金，促进铁路公司的并购，美国现代金融学领域几乎所有的理论和方法都得到了发展与完善。

——小艾尔弗雷德·钱德勒（Alfred D. Chandler Jr.），《规模与范围》（*Scale and Scope*），1990年

在安德鲁·杰克逊（Andrew Jackson）任美国总统时期，人们的出行速度、通信速度与亚历山大大帝时期并无明显区别。19世纪，在火车和电报几乎同时问世以前，商业发展的步伐十分缓慢。借助这些新兴的科技和发明，铁路行业诞生了第一家大型的资本密集型企业。铁路公司的发展历程充分说明了财务会计的重要性。

在美国内战爆发以前，人们若想从纽约到圣弗朗西斯科，可以选择乘坐贯通全美的驿站马车，或穿过疫病肆虐的巴拿马地峡，也可以乘船经过好望角，经历一段漫长的海上航行。无论何种方式，均需花费数周时间，费用可达上千美元。而铁路的出现将路程时间缩短至一周，费用仅需100美元。

历史学家史蒂芬·安布罗斯（Stephan Ambrose）的著作《史无前例》（*Nothing Like It in the World*）详细描写了 19 世纪 60 年代联合太平洋铁路公司（Union Pacific）和中央太平洋铁路公司（Central Pacific）建造美国第一条横跨大陆的铁路的历史。该书写到为了确保火车轨道的斜率不超过 2%（每英里上升 106 英尺），且曲率不超过 10 度（半径为 574 英尺），铁路工人付出了巨大的艰辛。流畅的铁轨线降低了火车的运输成本，大大提升了货运速度。[1]

为了保证线路的平直，同时尽量避免对自然环境的破坏，铁路公司不得不填沟开路、搭建桥梁、修挖隧道。据估计，每英里铁路大约需要 2 250 根轨枕和 9 000 颗钉子。联合太平洋铁路公司吸纳了大批测量员、挖掘机驾驶员及轨道铺设工人，并利用军事化管理模式对员工进行管理。总之，建造铁路所耗费的人力、物力、财力是史无前例的。

如此大规模的生产活动为企业的经营管理带来了很多麻烦。例如，联合太平洋铁路公司管理层以监督铁路的建造情况为由设立了动产信贷公司（Crédit Mobilier），然后授权其建造铁路线。与安然的特殊目的实体类似，该公司实际上由联合太平洋铁路公司管理层控制。通过关联交易，动产信贷公司向联合太平洋铁路公司疯狂索取天价建设费，管理层则借机将联邦政府拨给联合太平洋铁路公司的建设资金占为己有。当然，抛开财务丑闻不谈，该条铁路代表了人类工程史上最伟大的成就之一。

到 1880 年，美国铁路累计投资额高达 46 亿美元。[2] 同时期的名义国内生产总值为 110 亿美元，铁路建设消耗了近 40% 的年经济产出。按照 2003 年的美元价值来看，当时的铁路投资额超过了 4 万亿美元，比 2004 年 3 月 31 日的《财富》500 强企业的净资产总和还要高。显然，没有一个组织或个人能够独自承担如此巨大的投资成本。

1848 年，资本主义革命浪潮席卷欧洲。[3] 为了寻求更稳定的政治环境，部分欧洲投资者开始把视线转向美国，美国国内如火如荼的铁路建设运动恰好为其提供了极具吸引力的投资机会。1850 年，部分铁路公司的股票开始在纽约证券交易所交易；到1869年，参与股票交易的铁路公司增至38家。[4]

铁路企业委托投资银行家代为销售公司债券、优先股和普通股。各类证券资产将投资者对公司现金流的索取权分割为可在二级市场上交易的单元，索取权行使的条件和顺序取决于公司的资本结构及证券资产的类别。

债券投资者的权益先于优先股股东和普通股股东。普通股股东拥有选举权和表决权，有权针对修改公司章程等重大事项作出决议，并对企业资产享有剩余索取权。公司治理是指在各利益群体之间分配现金流权和表决权的制度安排。

19世纪，美国的工业企业很少对外披露信息。它们普遍认为，对外披露财务信息对企业毫无益处，反而可能会被竞争对手所用。1866年，当纽约证券交易所向特拉华、拉克瓦纳和西部铁路公司（Delaware，Lackawanna and Western Railroad Company）提出信息披露的要求时，其财务主管回复道："在过去5年里，公司管理层没有对外报送财务报表，也没有公布其他形式的信息。"19世纪70年代至80年代，纽约中央铁路哈德逊河铁路公司（New York Central and Hudson River Railroad）从未向股东发布年度报告。[5]

最初，铁路企业的融资不依赖于财务信息的披露。投资者主要基于对投资银行家的信任来选购股票。他们认为，银行家们在向公众推荐证券前会对企业进行调查。当时的招股说明书篇幅很短，大多只有两页纸。[6]摩根大通（JP Morgan）的银行家们最擅长向欧洲投资者兜售美国铁路公司的债券。[7]

为了评估铁路公司的业绩，远在欧洲的投资者们开始搜寻与投资决策相关的信息。由于会计信息通常难以获取，一些投资者开始关注企业的股利支付率。其原因在于，现金是衡量企业健康状况的指标之一。此外，该指标简单明了、可信度较高。但股利并不总是能完全反映企业的真实情况，因为公司可能会在留存收益不足时动用投入资本进行分配。

管理层的这种欺诈行为使得投资者无法辨别企业的股利分配究竟是

投入资本的返还还是经营活动的收益。[8]早期的公司法禁止企业将投入资本用于股利支付，并规定只有留存收益才能用于分配。会计舞弊是指通过掩盖亏损，诱使投资者以较高的价格去购买那些无法持续支付高额股利的企业股票的行为。

债券投资者利用信用评级公司出具的报告来评估铁路公司偿还贷款的能力和意愿。1841 年，一位纽约纺织品商将自己搜集的顾客购货信息卖给第三方，并于 1859 年创办了邓氏公司（R. G. Dun & Company）。1849 年，约翰・布拉德斯特里特（John Bradstreet）在辛辛那提创立了一家类似的商业信息服务机构。1933 年，这两家公司合并为邓白氏公司（Dun & Bradstreet）。[9]

1849 年，亨利・普尔（Henry Poor）成为《美国铁路杂志》（*American Railroad Journal*）的主编，他组织刊登了铁路企业的资产、负债和盈余信息。约翰・穆迪（John Moody）敏锐地捕捉到了人们对企业信誉的信息需求，并从 1909 年开始对公司债券进行信用评级。紧随穆迪之后，普尔公司（Poor Company）从 1916 年开始从事债券评级业务，并于 1941 年与标准统计公司（Standard Statistics）合并为标准普尔（Standard & Poor's）。[10]相较于债券市场的形成时间，信用评级出现的时间相对较晚。同为商业信息提供者的评级公司与投资银行之间展开了激烈的竞争。

一方面，投资者希望获取尽可能多的信息来评价公司业绩，另一方面，一些开明的管理者希望向投资者展示公司良好的经营状况，降低投资者的疑虑。财务会计恰好满足了双方的沟通需求。由于早期的财务报告未能提供股票投资者所需的信息，因此，风险较低的债券比股票更受欧洲投资者青睐。[11]

外部投资者发现，铁路公司对经济事项的报告方式五花八门，财务信息缺乏可比性。19 世纪 80 年代，部分债权人开始聘请英国特许会计师审计美国企业的财务报告。巴罗・韦德・格斯里公司（Barrow, Wade, Guthrie & Company）是英国首家在美国设立办事处的会计师事务所，该事务所审计了纽约、安大略和西部铁路公司（New York, Ontario and Western Railway Company）的财务报表。该铁路公司成为全美第一家经外部审计师审计的铁路企业。[12]然而与今天的审计不同的是，其审计费用由债权人直接向审计师支付。

查尔斯·沃尔多·哈斯金斯（Charles Waldo Haskins，生于 1852 年）曾是北河建筑公司（North River Construction Company）的一名会计，后来参与建造纽约到西海岸和布法罗的铁路。工程完工后，他升任公司的总会计师兼内部审计师。无独有偶，伊莱贾·瓦特·塞尔斯（Elijah Watt Sells，生于 1858 年）也在大型铁路公司工作了近 20 年。在铁路企业从事会计工作期间，这两位杰出的注册会计师不约而同地发现了注册会计师审计的商机。两人在共同为联邦政府效力时结识，后来合作组建了美国第一家由本土会计师设立的审计公司——哈斯金斯·塞尔斯会计师事务所（Haskins & Sells）。

1 世纪早期的一位罗马建筑师曾指出，一般而言，建筑物墙面的价值平均每年折损 1/8。[13]然而直到铁路时代，会计师们才开始认真考虑折旧问题。与以往的企业不同，铁路企业的固定资产投资规模巨大且使用年限相对较长。日复一日的货物运输导致火车头、车身及铁轨出现严重磨损并逐渐失去运输能力。铁路企业需要定期对设备进行更新。

折旧是指长期资产在使用过程中发生的损耗，其会计处理的难点在于人们无法准确知晓损耗是何时发生的。新闻记者罗杰·伦斯坦（Roger Lowenstein）以送报纸为例阐述折旧问题。他指出，在计算各周利润时，运送报纸的汽车所发生的油费应计入当期费用，而汽车修理支出应在较长的期间内分摊。[14]

若企业的资源消耗主要来自机器设备的磨损，那么管理层应当如何实现收入费用的配比呢？铁路企业最初的做法是在资产终止服务当期直接冲减资产的初始成本，而不是逐期确认折旧费用。

例如，假设某铁路公司在 1850 年年初花费 50 000 美元现金购买了一个火车头，该火车头预计使用 5 年，预计净残值为 10 000 美元。公司可采用以下几种方法计算折旧费用。

表 2-1 展示了四种计算折旧费用的方法，第一种方法不计提折旧，其余三种方法按照不同的使用年限和净残值计算折旧。年折旧额等于初始成本减去预计净残值后的差额再除以预计使用年限。

表 2-1　　折旧费用的计算方法

情形	初始成本	预计使用年限	预计净残值	年折旧额
A	$50 000	无	无	无
B	50 000	10 年	$15 000	$3 500
C	50 000	8 年	10 000	5 000
D	50 000	6 年	5 000	7 500

假设该火车头每年能创造 25 000 美元的营业收入，并产生 10 000 美元的营业费用。残留资产的处置损益等于转让收入 10 000 美元减去火车头的账面价值（账面价值即 50 000 美元的初始成本减去 5 年的累计折旧额）。表 2-2 列示了上述四种计算方法下的财务数据。

表 2-2　从资产的整个使用年限来看，不同方法下各期利润的总和相等

情形		1850 年	1851 年	1852 年	1853 年	1854 年	合计
A	营业收入	$25 000	$25 000	$25 000	$25 000	$25 000	
	营业费用	(10 000)	(10 000)	(10 000)	(10 000)	(10 000)	
	折旧费用	—	—	—	—	—	
	合计	15 000	15 000	15 000	15 000	15 000	
	资产处置损失	—	—	—	—	(40 000)	
	净利润	$15 000	$15 000	$15 000	$15 000	($25 000)	**$35 000**
B	营业收入	$25 000	$25 000	$25 000	$25 000	$25 000	
	营业费用	(10 000)	(10 000)	(10 000)	(10 000)	(10 000)	
	折旧费用	(3 500)	(3 500)	(3 500)	(3 500)	(3 500)	
	合计	11 500	11 500	11 500	11 500	11 500	
	资产处置损失	—	—	—	—	(22 500)	
	净利润	$11 500	$11 500	$11 500	$11 500	($11 000)	**$35 000**

续前表

情形		1850年	1851年	1852年	1853年	1854年	合计
C	营业收入	$25 000	$25 000	$25 000	$25 000	$25 000	
	营业费用	(10 000)	(10 000)	(10 000)	(10 000)	(10 000)	
	折旧费用	(5 000)	(5 000)	(5 000)	(5 000)	(5 000)	
	合计	10 000	10 000	10 000	10 000	10 000	
	资产处置损失	—	—	—	—	(15 000)	
	净利润	$10 000	$10 000	$10 000	$10 000	($5 000)	**$35 000**
D	营业收入	$25 000	$25 000	$25 000	$25 000	$25 000	
	营业费用	(10 000)	(10 000)	(10 000)	(10 000)	(10 000)	
	折旧费用	(7 500)	(7 500)	(7 500)	(7 500)	(7 500)	
	合计	7 500	7 500	7 500	7 500	7 500	
	资产处置损失	—	—	—	—	(2 500)	
	净利润	$7 500	$7 500	$7 500	$7 500	$5 000	**$35 000**

由表2-2可知，从较长的期间来看，如果不考虑与所有者相关的交易或事项，净利润等于现金流入减现金流出。[15]在不同的折旧政策下，该火车头在其使用年限内所创造的利润均为35 000美元。可见，除下一章提到的例外情况以外，会计处理不影响公司现金流。折旧是指按照特定的方法将资产价值在各会计期间分摊，折旧额的计算具有一定的主观性。从企业长期的经营周期来看，包括折旧在内的大部分会计规则的影响都可以忽略不计。

早期的财务报表编制者和使用者很少关注折旧问题，直到1909年企业所得税法允许企业在计算应纳税所得额时扣除折旧费用，折旧的概念才开始被重视。1916年，美国联邦贸易委员会（Federal Trade Commission）针对60 000家企业的一项调查显示，近半数企业没有制定明确的折旧政策。[16]

20世纪初，企业管理层普遍利用折旧政策来平滑会计利润。《会计杂志》（*Journal of Accountancy*）1912年刊文指出，折旧成为管理层避免利润波动的工具，他们在业绩好的年份大肆计提折旧，而在业绩差的年份少计提甚至不计提折旧。[17]

19 世纪晚期，很多农民对铁路企业的经济垄断表示强烈不满。为此，美国国会于 1887 年设立了全美第一个联邦监管机构——州际商务委员会（Interstate Commerce Commission，ICC），旨在确保铁路运输收费标准的公开、公平。然而由于铁路公司的成本核算和会计处理方法各不相同，州际商务委员会很难确定运输定价是否公平合理。

有鉴于此，美国国会于 1906 年通过了《赫本法案》（Hepburn Act）。该法案赋予州际商务委员会设定运输价格上限的权力，并要求铁路企业采用统一的会计处理方法。随后，州际商务委员会依照《赫本法案》颁布了一系列法规，要求铁路企业对特定类别的资产计提折旧，并在利润表中确认折旧费用。但在 1943 年以前，这些法律法规一直存在执行不力的问题。[18]

《赫本法案》以及州际商务委员会颁布的相关法规是美国历史上首次以联邦法律的形式规范企业的会计处理。这些规定具有法律强制力，违反规定的企业将面临罚款，其管理者或将面临牢狱之灾。会计史学家们发现，与会计利润相关且对企业不利的监管规则会诱使管理层调低会计利润，因为该规则往往导致那些业绩较好的企业受到惩罚。[19]可见，监管规则会影响管理层的报告行为和报告结果。

后来，联邦电力委员会（Federal Power Commission）、联邦通信委员会（Federal Communications Commission）等联邦监管机构相继成立，为各行各业的企业制定会计处理指南，以促进公司间财务信息的可比性、加强价格管制。[20]

1903 年 3 月 12 日，美国钢铁公司对外发布 1902 年 12 月 31 日的合并财务报表，普华会计师事务所（Price Waterhouse & Company）为其出具了无保留审计意见。[21]普华会计师事务所管理合伙人亚瑟 • L. 迪金森（Arthur L. Dickinson）坚定地表示，美国钢铁公司的合并财务报表充分反映了其下属企业所有业务的资产和负债，而非仅局限于母公司的会计账户。[22]现代财务会计时代由此开启。

【注释】

[1] Ambrose, *Nothing Like It*, p. 57.

[2] Ibid., p. 377.

[3] Baskin and Miranti, *History of Corporate Finance*, p. 136.

[4] Previts and Merino, pp. 69, 110.

[5] Hawkins, "Development of Modern," pp. 135-136.

[6] Ibid., p. 143.

[7] Skeel, *Icarus in the Boardroom*, p. 57.

[8] Hendriksen, pp. 38-39.

[9] Sylla, "Historical Primer."

[10] Ibid.

[11] Baskin and Miranti, p. 148.

[12] Carey, *Rise of the Accounting Profession*, vol. 1, p. 26.

[13] Hendriksen, p. 23.

[14] Lowenstein, *Origins of the Crash*, p. 164.

[15] Stickney and Weil, *Financial Accounting*, p. 793.

[16] Ripley, *Main Street and Wall Street*, p. 174.

[17] Carey, vol. 1, p. 68.

[18] Hendriksen, p. 41.

[19] Sivakumar and Waymire, "Enforceable Accounting Rules."

[20] Hendriksen, p. 42.

[21] Previts and Merino, p. 224.

[22] Carey, vol. 1, p. 29.

第3章 所得税

人们安排自己的活动以达到降低税负的目的，这是无可指责的。

——勒尼德·汉德（Learned Hand），税收委员会诉纽曼案（Commissioner v. Newman），1947年

第2章介绍了财务会计发展的背景，财务会计最初用于为外部债权人监督管理层的资产使用情况，为监管部门核定企业费率提供有用的信息。与后来出现的养老金、期权等会计问题类似，折旧的会计处理也一度十分混乱。直到税法允许企业将折旧用于纳税抵减，铁路企业才开始关注这一应计项目。

本章主要探讨政府如何利用财务会计进行所得税的征收管理，以及企业如何核算与所得税相关的事项。所得税会计涉及公共部门的税收法规和企业的经济业务，这使其逐渐演变成一个完全独立于财务会计的分支。本章的第二部分将重点探讨实务界如何协调所得税法和财务会计的分歧。

如今，各国政府普遍会对企业征税，以提高财政收入、实现财富再

分配并调节经济活动。19 世纪末以前，联邦政府的财政收入主要源于关税和消费税，州政府及其他地方政府则征收财产税。1862 年（美国内战期间），联邦政府为筹措战争经费设立了美国国内收入署（Bureau of Internal Revenue），开始向个人和企业征收所得税，后于 1872 年取消了所得税的征收政策。

到 19 世纪 90 年代中期，公司制取代合伙制成为美国最主要的企业组织形式。铁路企业的成功造就了一大批富可敌国的家族。1890 年的一项调查显示，包括范德比尔特家族（Vanderbilts）、古尔德家族（Goulds）和斯坦福家族（Stanfords）在内的美国 3/4 的巨富家族均发迹于铁路业务。[1]

公司制的迅猛发展压制了农产品和土地的价格，迫使传统手工业者退出规模性产业的竞争。一些平民论者和政治家声称，公司制的发展剥夺了农民和手工业者等群体的权利，这导致全社会对公司产生了抵触情绪。

1893 年，美国社会经历了一次严重的经济危机，联邦政府急需大额的财政收入来弥补赤字。提高关税尽管对本国的生产企业有利，但同时也加重了消费者的负担。因此，部分主张民主和民粹主义的议员提出恢复征收企业所得税。1894 年，美国国会通过《1894 年收入法案》（Revenue Act of 1894），规定统一按照 2%的税率对企业利润征税。其中，利润等于收入（包括各类经营所得和资产利得）减费用的差额。

美国税收政策的三大原则，一是公平负担，二是考虑纳税人的纳税能力，三是承担的税负与享受的政府福利相协调。[2] 过去，企业享受了联邦政府提供的福利，且拥有纳税能力，但却没有缴纳所得税。因此，政府有正当的理由对企业征税，以获得财政收入。

首席大法官约翰·马歇尔（John Marshall）在达特茅斯诉讼案的判决书中写道："公司是一个独立的法人主体。"与合伙企业是合伙人的附属物不同，公司是独立于股东的实体，因此，公司完全有能力也有义务缴纳企业所得税。

图 3-1 是第 366 号国内收入表（Internal Revenue Form 366）的影

印版，反映了《1894 年收入法案》下计入企业应纳税所得额的收入项目。根据规定，企业必须在 1895 年 3 月 4 日（星期一）以前提交纳税申报表，并在 7 月 1 日（星期一）以前缴清所有税款。

(Form No. 366.)

UNITED STATES INTERNAL REVENUE.

Return by Banks, Banking Institutions, Trust Companies, Savings Institutions, Fire, Marine, Life, or other Insurance Companies, Railroad, Canal, Turnpike, Canal Navigation, Slack Water, Telephone, Telegraph, Express, Electric Light, Gas, Water, Street Railway Companies, and all other Corporations, Companies, or Associations doing business for profit in the United States.—Sections 32, 34, and 35, Act of August 28, 1894.

Return to be made to the Collector of the district where the principal office or place of business is located, on or before the first Monday of March, 1895, and the tax to be paid to the Collector on or before the first day of July, 1895.

The .... of .... in the County of ...., and .... District of the State of ...., makes and renders the following return of all gains, profits, or income received by or accrued to said .... from the first day of January, 1894, to the thirty-first day of December, 1894, both days inclusive, pursuant to the provisions of the Internal Revenue Laws:

		$ cts.	$ cts.
1	Gross receipts, credits, earnings, and gains from any business, or any interest therein, wherever carried on.		
2	From interest or coupons, due or paid on any bonds, or other evidences of indebtedness of any corporation, company, or association.		
3	From dividends or interest on the stock, capital, or deposits of any corporation, company, or association.		
4	From undivided profits of any corporation, company, or association.		
5	From premium on bonds, stocks, notes, or coupons		
6	From commissions, or percentage		
*7	From interest on notes, bonds, or other securities of the United States, except such bonds of the United States the principal and interest of which are exempt from Federal taxation.		
8	From interest received or accrued on all notes, bonds, mortgages, or other forms of indebtedness not included in the foregoing items.		
9	From profits realized within the year from sales of real estate purchased since December 31, 1892.		
10	From rents received or accrued.		
11	From all sources not above enumerated (specifying same), viz.:		
	TOTAL RECEIPTS, GAINS, AND INCOME.		
12	OPERATING AND BUSINESS EXPENSES:		
	1. Interest paid or accrued within the year on bonded or other indebtedness.		
	2. Losses actually sustained during the year		
	3. State, county, municipal, or town taxes accrued during the year 1894 and actually paid		
	4. Salaries, compensation, or pay of officers or other persons employed during the year.		
	5. Rents, or necessary repairs, but not including amount used for construction or enlargement of plant		
	6. Actual losses on sales of real estate purchased since December 31, 1892		
	7. Cost price of material purchased for manufacture or resale, not increasing stock on hand Dec. 31, 1893		
	8. Other expenses not above enumerated, viz.:		
	TOTAL OPERATING AND BUSINESS EXPENSES.		
13	Net profits or income over operating and business expenses		
14	Dividends and gains heretofore included in the statement of profits under paragraphs 3 and 4, received from corporations, companies, or associations, on which the tax of two per centum has once been paid by such corporation, etc		
	AMOUNT OF NET PROFITS OR INCOME LIABLE TO TAX.		
	TAX AT TWO PER CENTUM.		
15	Amount paid in salaries, or other compensation, or pay of officers or other persons employed, not including salaries of more than four thousand dollars.		
16	Amount paid in salaries, or other compensation, or pay of officers or other persons employed, including only salaries of more than four thousand dollars.		
	TOTAL SALARIES, ETC., PAID		

NOTE.—The interest on all bonds of the United States should be returned as income by the person, corporation, company, or association owning or holding such bonds, except the interest on bonds of the funded loan of 1891 continued at two per cent., and the four per cent. funded loan of 1907, and the five per cent. loans of 1904, which is exempt.

图 3－1　第 366 号国内收入表

资料来源：Richard J. Joseph，*The Origins of the American Income Tax*：*The Revenue Act of* 1894 *and Its Aftermath*（Syracuse，NY：Syracuse University Press，2004），p. 169.

根据《1894 年收入法案》的规定，债务融资产生的利息费用可以抵税，而支付给股东的股利不得税前扣除。这项规定对 20 世纪的企业财务管理实践产生了深远影响。值得注意的是，表格的第 14 行指出，企业间股权投资分红可以抵税，这是为了避免对同一所得重复征税：因为用于支付股利的利润已经征过税了。

一些反对者对企业所得税提出质疑。1895 年，最高法院判定所得税的征收违反了《美国宪法》第 1 条第 9 款的条款 4，即除非按宪法所规定的人口调查或统计的比例，否则不得征收任何人口税或其他直接税。

1909 年，塔夫脱（Taft）政府的立法者们借消费税之名，行企业所得税之实。他们提出了第 16 条宪法修正案，允许美国国会征收企业所得税。1913 年，怀俄明州成为美国第 36 个也是最后一个批准征收所得税的州。自此以后，美国国会拥有征收所得税的权力，而无须考虑分配问题或人口调查因素。

与财务会计“师傅带学徒”式的发展模式不同，所得税法规的制定遵循了严格的程序。首先由众议院负责拟定税法草案，然后提交到众议院筹款委员会（Ways and Means Committee）、美国国会并进行集中讨论。经讨论通过的法案将被提交至参议院财政委员会（Senate Finance Committee），由参议院财政委员会将报告提交到参议院并进行新一轮的修改讨论。参议院通过后，该法案将提交给两院制的会议委员会（Conference Committee）进行审议。审议通过后，众议院和参议院对该法案进行投票表决，若表决通过，则由总统签署并发布。当然，总统也可以选择行使一票否决权，但若有 2/3 的投票权通过，则总统的否决无效。[3]经由上述程序，税法草案的内容能够不断得到修正。

美国的税收法规中存在大量明线规则。美国国会将税法及各类修正法案汇编成《国内收入法典》（Internal Revenue Code），该法典在 1913 年仅有 14 页[4]，到 2003 年增加至 10 000 多页。与所得税相关的法规还包括美国财政部发布的监管条例、法院的判决公告以及实施指南等。据估算，仅美国财政部发布的监管条例就达 80 000 多页。[5]

财务会计为广大投资者、债权人和分析师服务，所得税会计仅为国内收入署服务。尽管如此，所得税会计的牵涉面依然比财务会计更广。事实上，与国内收入署直接相关的人员远比其他任何组织都要多，几乎每一个成年公民和企业均与国内收入署息息相关，他们为联邦政府的活动提供了 95%的资金支持。[6]

此外，所得税会计强调利用司法手段解决税务纠纷，纳税人若有异议，可直接诉诸地区法院或专门的税务法院，上诉程序可一直延伸至美国最高法院。作为对比，企业管理层、投资者或审计师无法通过法律途径解决财务会计领域的分歧。

税收使得政府成为企业天然的利益相关者，是政府参与分享企业利润的方式之一，它在实质上减少了公司的股权价值，因此，管理层有责任站在股东的角度考虑各项经营活动的纳税义务。正如一句古老的谚语所言的，纳税筹划要追求 3L 原则：最少（least）、最晚（latest）、合法（legal）。

财务会计遵循权责发生制，即把企业付出的努力与取得的收益相匹配。所得税会计则强调实现原则，只有当款项收到以后才产生纳税义务。对于财务报表中确认的未实现利得，税法允许企业在实现收益并取得款项后再缴纳税款，以避免企业利用资产清算或借款所得的资金来履行纳税义务。[7]尽管应纳税所得额和会计利润（如市政债券的利息收入、企业之间的股息分红等）之间存在永久性差异，但从足够长的期间来看，两者的时间性差异是可以消除的。

由于公认会计原则和税法对利润的定义不同，因此特定期间的应纳税所得额和会计利润常常存在时间性差异。为了协调这类时间性差异，财务会计提出了递延所得税资产和递延所得税负债的概念。由表 3-1 可知，税法对收入的确认可能早于或晚于公认会计原则，其对费用的处理亦然。

表 3-1　　应纳税所得额和会计利润之间的时间性差异

	递延所得税资产	递延所得税负债
收入	先收到读者预付的订阅费，后提供杂志寄送服务	先确认销售与安装收入，后收取设备价款
费用	先确认产品质量保证费用，后支付维修成本	先支付租金，后确认租赁费用
利润	应纳税所得额 > 会计利润	应纳税所得额 < 会计利润

例如，某杂志社要求读者预付订阅费，并在收到订阅费后的12个月内向该读者派送杂志。由于杂志社还未提供相关的产品与服务，根据公认会计原则，企业不应确认会计收入。但由于现金已经收取，因而纳税义务已经发生。当订阅期结束时，会计收入和应纳税所得额是相等的。

若现金流入早于会计收入的确认或会计费用的确认早于现金支出，则会产生递延所得税资产。递延所得税资产的余额列示在资产负债表的左侧，可理解为企业对美国政府的应收款。

反之，若会计收入的确认早于现金流入或现金支出早于会计费用的确认，则会产生递延所得税负债。递延所得税负债的余额列示在资产负债表的右侧，表明企业未来有缴纳税款的义务。

但问题的关键在于，企业通常在一个较长的期间内持续经营，因此在递延所得税资产（负债）实现以前，递延所得税的余额可能会不断累加。企业很难对递延所得税进行分类列报。

如何确认、计量和列报与所得税相关的时间性差异是会计界长期争论的话题。1944年12月，美国注册会计师协会下属的会计程序委员会（Committee on Accounting Procedure，CAP）发布第23号会计研究公报《所得税会计》(Accounting for Income Taxes)，承认财务会计准则和《国内收入法典》在利润计算方面存在差异，但没有要求企业计算递延所得税资产或递延所得税负债。事实上，该委员会不鼓励企业确认递延所得税，因为时间性差异可以在未来期间转回。

1967年12月，会计程序委员会的继任者——会计原则委员会（Accounting Principles Board，APB）发布第11号意见书（Opinion 11)。该意见书沿用了第23号会计研究公报的名称《所得税会计》，强调配比原则是利润计算的基本原则，所得税费用应当反映所有会计收入和费用的所得税影响。

根据第 11 号意见书的规定，企业应当披露利润表中的所得税费用和纳税申报表中的当期应交所得税之间的差额，并以递延借项或递延贷项的形式在资产负债表中列示，但该准则未详细阐明这些项目的具体含义。可见，应计制会计得到了进一步的发展：相较于资产负债表项目的含义，会计原则委员会更重视收入费用的配比。

财务会计准则委员会（FASB）反对第 11 号意见书的会计处理，并于 1982 年将所得税会计纳入研究日程。1987 年，财务会计准则委员会发布第 96 号财务会计准则公告，该公告继续沿用第 23 号会计研究公报的名称《所得税会计》，但不再强调收入费用的配比原则。该公告指出，财务会计的目标是准确披露当期应交（或应退回）所得税以及递延所得税资产（或负债）的金额，利润表中的所得税费用只起到保持资产负债表平衡的作用。

与第 11 号意见书不同，第 96 号财务会计准则公告明确指出了递延所得税的含义，即递延所得税负债代表企业未来的纳税义务，递延所得税资产反映未来可转回的金额。此外，两项准则关于纳税亏损移后扣减的会计处理的规定也有所不同。根据第 11 号意见书的要求，若本年度发生纳税亏损但以后期间很有可能盈利，则企业可据此确认递延所得税资产。其理由是，亏损额可用于抵减未来期间的应纳税所得额，未来纳税义务预期将减少。第 96 号财务会计准则公告则遵循谨慎性原则，禁止企业确认该项资产。

第 96 号财务会计准则公告的会计处理过于复杂，引起会计界的强烈不满。因此，财务会计准则委员会 1992 年发布第 109 号财务会计准则公告，公告的名称依然是《所得税会计》（想必你也猜到了）。第 109 号财务会计准则公告放宽了递延所得税资产的确认条件，但要求企业对其进行减值测试。若递延所得税资产预期无法实现，企业就应当计提减值准备。遗憾的是，该项减值准备常常被一些企业用作平滑利润的工具。

所得税会计规则的演变历程充分说明了外界对准则制定过程不满的原因。准则制定机构先后发布了 4 份标题完全相同但内容截然不同的规则。以纳税亏损移后扣减的会计处理为例，第 24 号会计研究公报允许企业根据自己的意图确定是否确认递延所得税资产；第 11 号意见书规定，递延所得税资产若预期很有可能实现，则应当予以确认；第 96 号财务会计准则公告明确禁止企业确认该类资产；第 109 号财务会计准则公告指出，无论在何种条件下，企业均应当确认递延所得税资产。

会计规则的游移不定充分表明，准则制定机构未能认清自己的定位和目标。正如第 1 章所提到的，它们认为，用不同的会计方法报告同一交易或事项并无大碍。

与存货相关的所得税会计处理充分体现了财务会计规则的重要性。从世界范围来看，20 世纪美国财务报告领域有两项非常独特的规则，分别是本章的后进先出法（LIFO）以及第 10 章将讨论的权益结合法。

为实现销货成本与销售收入的配比，财务会计提出了多种成本流转假设，如先进先出法（FIFO）和后进先出法。在先进先出法下，最先购进的存货最先出售或加工，而在后进先出法下，后入库的存货先出库。有一个古老的会计笑话曾这样描述后进先出法，“最先入库的存货依旧留在原地”。

先进先出法和后进先出法均属于成本流转假设，与生产过程中的实物流转无关，但多种存货计价政策的存在赋予了企业管理层调节应纳税所得额的机会。例如，某金币经销商先后 4 次购买了同种金币并以 500 美元的单价对外出售（见表 3－2），在此期间，金币的购买成本不断提高。在先进先出法下，销货成本按照最先购进的存货的单位成本来计量，因此会计利润和留存的金币成本均较高。而在后进先出法下，销货成本按照最新购进的存货的单位成本计量。因此会计利润和应纳税所得额均被低估，留存的金币成本也较低。相较于先进先出法，后进先出法能够产生 44 美元（79－35）的纳税递延。

表 3－2　通货膨胀时期，采用后进先出法的计价模式会降低会计利润和所得税

购买批次	购买成本		先进先出法	后进先出法
1	$ 275*	销售收入	$ 500	$ 500
2	325	销货成本	(275)*	(400)**
3	350	税前利润	225	100
4	400**	所得税（税率为 35%）	(79)	(35)
	$ 1 350	净利润	$ 146	$ 65

这不是什么神秘的法术，只是一个简单的会计原理，即所有存货的价值都必须在利润表和资产负债表之间分配，如表 3－3 所示，利润表中销货成本的增加必然伴随着资产负债表中期末存货的减少。

表 3－3　存货成本在利润表和资产负债表之间分配

	存货成本				利润表		资产负债表
	期初余额	+	本期购买额	=	销货成本	+	期末余额
先进先出法	$ 0	+	$ 1 350	=	$ 275	+	$ 1 075
后进先出法	$ 0	+	$ 1 350	=	$ 400	+	$ 950

物价上升时期，后进先出法能使更多的存货成本从资产负债表转移到利润表，假设存货数量不变或增加，该方法下的报告盈余相对较低，进而产生递延纳税事项，销货成本更接近存货的重置成本。

然而，若在通货膨胀时期长期使用后进先出法，资产负债表上的存货成本将严重偏离实际，早期采用后进先出法的企业可能仍然按照第二次世界大战时的价格水平对存货行计价。通过出售账面成本较低的存货，企业可以提高账面盈余，即以后进先出法清算。

物价上升时期，选择先进先出法能够提高报告盈余，而后进先出法能够递延纳税义务、减少现金流出。最理想的方案是，按照前者编制对外财务报告，按照后者进行纳税申报，如此一来，企业便能在提高报告盈余的同时降低应交所得税。然而，现实世界并没有那么美好。

19 世纪晚期，部分原料加工企业设立了基本库存（base stock）。基本库存是指为维持基本生产水平所必需的、稳定的库存量。基本库存中的存货以一个不变的价格计价，其在处置前不产生利得或损失。在此基础上，其他存货均按照最新的购置价格计入销货成本，以避免原材料价格波动导致的账面利得和损失。[8]

早期的联邦所得税法要求企业根据实际的成本流转计算应纳税所得额。根据1930年美国最高法院卢卡斯诉堪萨斯市结构钢公司（Lucas v. Kansas City Structural Steel Co.，281 U.S. 264）的判例，法律禁止企业在计算应纳税所得额时使用基本库存法。大法官路易斯·布兰戴斯（Louis Brandeis）在判决书中写道："联邦所得税法要求企业在损益实现时确认收入和费用，基本库存法的平滑机制违反了税法对成本流转的规定。"

1938年，美国国会立法批准皮革业和金属加工企业使用后进先出法。与基本库存法不同，后进先出法要求企业从数量和价格两个维度记录存货。同年，美国财政部首席顾问设立了一个三人委员会，负责为所得税法的修订提供会计建议，其讨论议题之一就是是否应当推广使用后进先出法。三人委员会的成员分别是哈斯金斯·塞尔斯会计师事务所合伙人爱德华·克拉克（Edward Kracke）、哥伦比亚大学教授罗伊·凯斯特（Roy Kester）和美国证监会首席会计师卡曼·布劳（Carman Blough）。

卡曼·布劳被誉为"有史以来最值得信赖的会计师"，是美国会计领域早期的核心人物。布劳出生于1895年，他在一次铁路事故中不幸失去了右臂。他热爱网球运动，曾在大学组建自己的网球队。在威斯康星获得注册会计师资格后，他先后任职于州税务委员会和公共事务委员会，并同时在两所学校从事会计教学工作。

1934年，卡曼·布劳进入新成立的美国证监会工作，担任财务分析师，次年便成为美国证监会首任首席会计师。1938年，他加入安达信会计师事务所，并迅速成为事务所合伙人。第二次世界大战期间，他辞去安达信的工作，转而加入联邦政府的战时生产委员会（War Production Board）。1944年，他出任美国会计学会（American Accounting Association，AAA）会长，并成为美国注册会计师协会首位全职的研究部主管。他在后一岗位上的工作一直持续到1961年，为会计程序委员会、会计原则委员会作出了巨大贡献。此外，他还担任哥伦比亚大学商学院的会计学兼职教授。

在美国注册会计师协会任职期间，布劳被誉为会计界的“安·兰德斯”（Ann Landers）*。他在《会计杂志》上撰写月度专栏，为协会会员解答各类审计和会计问题，如在途物资是否属于存货等。在本书后续章节中，布劳的名字还将多次出现。

布劳反对后进先出法，认为该方法所蕴含的成本流转假设无法反映真实的存货流动。克拉克则支持该方法，他提出，由于后进先出法通常会降低会计利润，因此，企业其实往往并不愿意将其用于对外财务报告。最终，三人委员会决定允许企业采用后进先出法，但必须在纳税申报和财务报告中同时使用。[9]

1939 年，美国国会通过《国内收入法典》，对当时所有的税收法规进行了统一的整合和编纂。随后，美国财政部发布的监管法规和司法部门公布的判案对该法典作出了进一步的解释。1954 年，美国国会通过新的《国内收入法典》，引入了加速折旧法，此举扩大了会计利润和应纳税所得额的差异。1986 年，美国国会进行新一轮的税法修订，取消了投资税收抵免政策。

1939 年《国内收入法典》第 22（d）（2）节采纳了布劳的建议，允许纳税企业采用后进先出法，但要求该方法必须在计算应纳税所得额以及编制对外财务报告时同步使用。其中，对外财务报告包括向债权人提供的信贷目的的报告，以及向股权投资者提供的财务报告。

上述规定表明联邦政府试图通过法律法规来协调财务会计和税收法规的分歧。后续修订的 1954 年和 1986 年《国内收入法典》依然允许企业采用后进先出法，这在当时其他国家的会计准则和税收法规中是绝无仅有的。

当企业拥有成千上万种产品时，采用后进先出法会存在问题。1941 年，安永会计师事务所合伙人赫伯·麦克安利（Herb McAnly）在发表

---

* 安·兰德斯是美国著名专栏作家，他曾以忠告专栏的形式帮助过无数需要咨询的人。——译者

演讲时提出了货币价值后进先出法（dollar-value LIFO），存货种类繁多的企业可将每期存货指定为一个存货组，然后利用存货的货币价值而非实物数量来反映存货组的增加或减少，并确定存货组的期末余额。1947年，税务法庭作出裁决，允许企业推广使用货币价值后进先出法。[10]

当然，后进先出法也存在明显的缺陷。1938年，密歇根大学教授威廉·佩顿（William Paton）指出，后进先出法是“企业用于平滑盈余、降低财务数据波动幅度的工具。然而事实上，业绩波动是生产经营活动中的正常现象……如果某项会计规则使得一家铜矿企业的盈余持续性与美国电话电报公司的盈余持续性一致，那么显然，它就算不上是一项合理的会计政策”。[11]避免盈余波动是2002年财务丑闻风波的鲜明特征之一。

根据上述税收法规和会计规则的要求，处于通货膨胀时期的企业可以利用后进先出法递延纳税义务，但在现实中，很少有企业愿意这么做。其原因在于，采用后进先出法会降低会计利润，可见，企业不愿意为了节税而牺牲会计利润。正如一位模特所说，觉得好不如看着好。

事实上，那些出现财务困难的企业反而会主动弃用后进先出法，以尽可能地提高会计利润、避免违反基于会计数据的债务契约。1970年，克莱斯勒公司（Chrysler）将存货计价方式从后进先出法改为先进先出法，导致会计利润提高了5 300万美元。资本市场的观察家们试图探究投资者是否能够识别不同的会计方法，是否意识到报告盈余的差异可能是由存货计价方式的不同所导致的。

第一次石油危机的爆发，加之1971年美国政府放松了工资和价格管制，导致1974年出现了严重的通货膨胀，这促使企业纷纷转向后进先出法，典型的如太阳石油公司（Sun Oil）、德士古公司（Texaco）、柯达公司（Kodak）以及杜邦公司（DuPont）等。通用电气董事长雷格·琼斯（Reg Jones）在对纽约证券分析师发表演讲时，曾专门强调过后进先出法的重要性。

1975年，卡耐基梅隆大学博士、芝加哥大学教授希亚姆·桑德（Shyam Sunder）发表了一篇论文，他利用1946年至1966年间的数据，对后进先出法和股价变动的关系进行了实证分析。[12]研究发现，在采用后进先出法以前的 12 个月内，股票超额回报率显著上升。一个可能的解释是，投资者预计企业采用后进先出法后税负将下降，因而作出了积极的市场反应。

桑德的研究表明，投资者在评价企业现金流状况时，能够区分不同的会计方法的潜在影响，因此，管理层不应过分关注盈余的波动，而应利用后进先出法推迟纳税义务，从而增加现金流、实现企业价值的最大化。但后续研究存有较大分歧，既有文献支持桑德的观点，也有文献得出相反的结论。总之，从证券价格波动中去寻找规律的做法是毫无意义的，统计分析只能揭示相关关系，无法证明因果关系。

1979 年，第二次石油危机爆发并引发新一轮的通货膨胀，导致越来越多的蓝筹股公司选择后进先出法，如美国医疗设备供应公司（American Hospital Supply）、礼来制药（Eli Lilly）和高乐氏（Clorox）等。据估计，20 世纪 80 年代早期，先进先出法的长期使用导致美国企业额外支付了巨额的所得税，所得税费用占销售收入的比例高达 1.5%。[13]

后进先出法在金属、石油和汽车等行业的应用最为普遍。1939 年以来，美国从未发生过真正意义上的通货紧缩，因此，后进先出法对于大部分企业而言是明智之选。但令人不解的是，有大量企业选择先进先出法，可能的原因在于，这些企业更倾向于报告较高的盈余，而非节约纳税支出。

根据美国注册会计师协会 2004 年版的《会计趋势与技术》（*Accounting Trends & Techniques*），在披露存货计价方法的 486 家大型上市公司中，仅有 251 家企业（占 52%）选择采用后进先出法。[14]

事实上，没有采用后进先出法的部分企业确实有其正当的经济原因，如当期应纳税所得额为零，或境外子公司所在地的法律不允许使用后进先出法。电子通信行业和部分科技企业的产品价格持续下降，采用后进先出法反而导致这些企业的销货成本被低估，从而会加速税收支出。部分周期性企业的存货价格波动较大，采用后进先出法有时会低估成本，增加非经常性的纳税义务。此外，对于存货周转速度快或生产技术领先的企业而言，后进先出法所带来的益处微乎其微。

20 世纪 80 年代，美国的通胀情况逐渐缓和，后进先出法的重要性随之下降。因赛尔科公司（Insilco，原 International Silver Company）旗下的子公司采用后进先出法进行纳税申报，母公司则按照先进先出法编制合并财务报表。美国国内收入署对此提出质疑，称其违反了后进先出法的一致性原则，但 1979 年的税务法庭和 1981 年的联邦法院均支持因赛尔科公司的做法。因此自 1981 年起，美国国内收入署逐渐取消了一致性要求。

此外，谨慎性原则在存货计价中的应用进一步加大了会计和税法之间的差异。在财务会计领域，谨慎性是仅次于历史成本计量的会计原则之一。由于经营活动具有不确定性，会计准则要求企业尽可能地低估资产和利润。然而，所有的高估或低估都是错误的。高估利润和资产可能会导致企业破产，人为的低估同样会造成不良后果，因为低估以后的转回又会高估转回年份的利润。[15]

谨慎性原则在存货计价中的体现，就是成本与市价孰低法。根据公认会计原则，若有证据表明存货存在毁损、过时或其他减值迹象，企业则应当减记存货价值，并在利润表中列示资产减值损失。

1964 年，索尔电动工具公司（Thor Power Tool Company）按照公认会计原则的要求估计存货的可变现净值，并据此确认了大额的存货减值准备和资产减值损失，导致公司出现亏损。然后，公司试图用该年度的纳税亏损抵减上一年度的应纳税所得额。但美国国内收入署反对这一做法，指出资产减值损失不应计入应纳税所得额。

1979 年，索尔电动工具公司诉美国国内收入署一案（Thor Power Tool Co. v. Commissioner，439 U. S. 522）由联邦最高法院负责审理，最高法院支持美国国内收入署的主张。大法官哈利·布莱克曼（Harry Blackmun）曾是明尼阿波利斯的一名税务律师，因 1973 年主笔意义深远的罗诉韦德堕胎权案（Roe v. Wade）的判决书而家喻户晓。他认为，财务会计的目标是向管理层、股东、债权人及其他利益相关群体提供有用的信息，税务会计的目标是为美国国内收入署的税收征收管理提供保证。财务会计应当遵循谨慎性原则，允许企业低估利润和资产数据，而税务会计应当有利于加强税收征管，保障公共财政收入。综上，税收法规和财务会计的根本目标不同，因此两者很难协调一致。

【注释】

[1] Joseph, *Origins of the American Income Tax*, p. 33.

[2] Ibid., pp. 89-92.

[3] Scholes et al., *Taxes and Business Strategy*, pp. 30-31.

[4] Federer, *Interesting History of Income Tax*, p. 13.

[5] Rossotti, *Many Unhappy Returns*, p. 79.

[6] Ibid., pp. 14, 202.

[7] Scholes et al., p. 23.

[8] McAnly, "How LIFO Began."

[9] Cooper, Malone, and McFadden-Wade, "Establishing the LIFO Conformity Rule."

[10] Hendriksen, p. 345.

[11] Paton, "Comments on 'A Statement of Accounting Principles.'"

[12] Sunder, "Stock Price and Risk Related to Accounting Changes."

[13] Biddle, "Paying FIFO Taxes."

[14] *Accounting Trends & Techniques*, p. 177.

[15] Hendriksen, p. 119.

第4章 成本会计

如果你能够对某一事物进行量化，并用数字加以描述，那就表明你已经对它有了一定的了解。如果无法量化，那说明你对它的认识还不够深入。

——开尔文勋爵（Lord Kelvin），《科普演讲与致辞》（*Popular Lectures and Addresses*），1891—1894 年

成本会计是会计的第三大分支，其目标是保证企业的生产经营活动按计划进行。财务会计报告、纳税申报表以及监管报表通常用于对外报告，而成本会计报告则用于帮助管理层进行内部经营管理决策。近年来，成本会计的概念逐渐被管理会计所取代。

成功的组织通常利用数字进行绩效管理。例如，1993 年，美国国会颁布《政府绩效与结果法案》（Government Performance and Results Act），要求联邦政府机构建立客观的、定量的绩效评价体系。[1] 棒球教练十分擅长对运动员的表现进行量化。即使是最小的非营利组织也会记录收到的现金和提供的服务。

企业管理层利用成本会计信息计算存货价值（并据此计算销货成

本），考核部门业绩，评价经营活动的效率，并为某些专项决策提供分析所需的信息（如新产品的投产决策）。外部利益相关者希望企业提供统一的财务报表、纳税申报表以及监管报表，内部的管理层则倾向于采用灵活多样的方式记录成本信息，以便于对经营业务活动实施控制。

简单来说，成本会计系统就像火灾报警器样，通过监测与控制系统尽可能地发现或避免险情。如表 4-1 所示，该类系统可能存在两方面的问题：一是在没有火灾时发出警报，即误报；二是在大火包围了整栋建筑物以后仍未发出警报，即漏报。

表 4-1　所有监测与控制系统均可能发生的第一类错误与第二类错误

	发出警报	未发出警报
发生火灾	预期结果	第二类错误
未发生火灾	第一类错误	预期结果

无论多么精密的监测系统，都有可能出现误报或漏报。误报会导致无谓的干预。漏报会导致人们过于关注无谓的细节而反倒忽略了真正重要的方面（就像是泰坦尼克号上的管理人员不去瞭望前面是否有冰山，反而只顾去整理甲板上的躺椅一样）。即使是北美空防司令部——世界上最复杂的监控系统之一也曾出现过误报和漏报。

没有一个控制系统可以同时解决这两方面的问题。若降低漏报的可能性，则误报的概率必然上升，反之亦然。

预防性的控制活动旨在避免问题的发生，其基本原则是职责分离，如决策和记录应当由不同的人员分别负责。职责分离能够有效防止资产失窃，并确保所记录信息的真实性。一名正直的会计人员比部门经理更有可能做到如实记录。但通过共谋实施的欺诈行为可能会使预防性的控制活动失效。

正如财务会计或税务会计领域没有绝对的真理一样，成本会计领域也有许多悬而未决的问题。

成本会计领域最具影响力的史学著作之一——《相关性的遗失》

(*Relevance Lost*)提到，在美国，成本会计的出现要早于财务会计。[2] 19世纪早期，纺织品生产商运用成本会计记录劳动力成本，并计算纱线和布匹的生产成本。1817年，美国第一家股权分散的现代企业波士顿制造公司已经能够将间接成本在多种产成品之间分配。次年，该公司已经能够采用品种法计算布的成本。[3]

19世纪50年代，铁路企业开始引领现代管理实践和管理理论的发展。铁路企业的所有权与经营权是分离的，管理层所持有的股份极少。此外，该行业固定成本所占比例较高，约有2/3的成本不会随运输量变动而变动。基于此，以丹尼尔·麦克勒姆（Daniel McCallum）和阿尔伯特·芬克（Albert Fink）为代表的企业管理人员创立了一套成本控制系统[4]，通过对运输活动实施控制保证固定成本得到弥补，并设计了一系列控制指标，如每吨英里的运输成本。

在19世纪，大型企业的经营模式比较单一，它们通常利用规模效应来降低生产成本。管理会计有助于管理层开展经营活动的绩效评价。例如，零售企业运用成本会计系统计算产品毛利和存货周转速度，钢铁企业将实际消耗的资源与目标值进行对比，以尽早发现经营活动的不利变动，提高生产效率。

1900年前后掀起的并购浪潮催生了一批从事多元化经营的大型企业。这些企业整合了工程、采购、生产和销售等各环节的业务活动，如果没有科学的控制系统，它们很可能会因为组织结构过于庞杂而破产。

成立于1903年的杜邦公司是一家集生产与销售于一体的大型企业。该公司建立有专门的成本会计制度，从而使得该公司能够为采购、生产和销售活动编制成本会计报告，并基于销售毛利率与资产周转率等财务数据对企业的投资回报与部门绩效进行评价。

成本会计系统有助于企业加强生产经营活动的计划和控制，使得企业在扩大规模、追求多元化发展时能够平稳运行。到了1920年，杜邦公司已经发展成为一家股权高度分散的多元化发展的现代企业。企业利用盈余信息和投资数据衡量其经营绩效的做法，有助于实现内部资源的合理配置。

无独有偶，通用汽车公司（General Motor）也成功地通过对一系列小公司的收购与兼并，得以迅速发展壮大。然而，由于缺乏类似杜邦公司那样的管理体系，因此，直到 1920 年，通用汽车公司的内部财务和经营问题仍然层出不穷。为此，持有通用汽车公司 23%股权的杜邦公司决定委托皮埃尔·杜邦（Pierre DuPont）、阿尔弗雷德·斯隆（Alfred P. Sloan）等人，来帮助通用汽车公司摆脱管理困境。接下来的 5 年里，通用汽车公司建立了一套复杂的预算系统，开始制定弹性预算，评估不同产量下的经营绩效，并推出了与业绩挂钩的高管股权激励计划。这一系列举措显著提升了通用汽车公司的销售收入和资产使用效率，其年存货周转次数从 1921 年的每年 1.5 次提高到 1925 年的每年 6.3 次。[5]

通用汽车公司与同时期的福特汽车公司形成了鲜明对比。就在通用汽车公司迅猛发展之时，福特汽车公司的市场份额却从第一次世界大战末期的 60%跌至 25 年后的 20%以下。[6]一个重要的原因在于，亨利·福特对成本会计工作不够重视，由此可见成本会计之于企业的重要性。

1943 年，福特汽车公司总裁埃兹尔·福特（Edsel Ford）意外离世，亨利·福特因病重难以主持公司的日常工作。1945 年，28 岁的亨利·福特二世从海军退伍，并开始接手家族企业。此时，福特汽车公司已有几十年未实现盈利。有一种说法是福特汽车公司应付账款的数额可以根据未付单据的重量来估算，足见其情况非常糟糕。莱布兰德·罗斯兄弟和蒙哥马利会计师事务所（Lybrand, Ross Bros. & Montgomery）曾受托代编福特汽车公司 1945 年 12 月 31 日的会计报表，但经过整整一年的努力，审计师们还是选择了放弃。[7]

年轻的亨利意识到家族企业已岌岌可危，但自己对企业管理又知之甚少。为此，他在 1946 年聘用了 10 名曾任职于美国空军统计控制部（U. S. Army Air Force's Office of Statistical Control）的军官。这些军官大多 20 岁出头，被誉为“精明小子”（Whiz Kids）。加入福特汽车公司后，他们采取了一系列补救措施，包括对各业务部门进行绩效评估，引入现代管理体系，加快新款汽车的上市速度等。

团队中有很多知名人物，最著名的当属罗伯特·麦克纳马拉（Robert McNamara）。第二次世界大战爆发前，他曾担任哈佛商学院的助理教授，讲授过 3 年的控制管理课程。1946 年，他加入福特汽车公司，并在 15 年后成为公司总裁。离开福特后，他曾出任肯尼迪总统和林登・约翰逊总统的国防部长，后来又担任世界银行行长。另一位成员阿杰・米勒（Arjay Miller）也曾担任福特汽车公司总裁，后来成为斯坦福大学商学院院长。此外，爱德华・兰迪（J. Edward Lundy）为福特汽车公司设计了一套财务管理体系，使得公司的财务部门成为美国企业中最受尊敬的财务部门。

自 1925 年起，管理会计的发展陷入停滞。《相关性的遗失》的作者指出，之后 60 年几乎所有广为人知的管理会计方法都是美国工业企业在 1925 年之前提出来的。

注册会计师行业不重视成本会计的发展，只关注资产负债表中列报的存货余额是否正确，因为存货余额的错报意味着销货成本和会计利润也存在错报。根据公认会计原则，存货成本包括直接材料、直接人工及各类变动或固定制造费用。但印度和智利的会计准则规定，存货成本仅包括直接材料和直接人工。[8]

注册会计师行业的期刊《会计杂志》曾在第一次世界大战期间刊登了一篇文章，介绍海军工厂的成本会计系统，如建造成本的核算及基于合同目的的成本计算等。[9]但总体而言，注册会计师行业对成本会计的关注较少，他们希望客户企业采用简单而又容易验证的方法来分摊间接成本。

注册会计师行业反对利息费用资本化，这与成本会计师的观点存在较大分歧。[10]1919 年，美国公共会计师协会（即美国注册会计师协会的前身）反对设立成本会计部[11]，这直接促成了全美成本会计师联合会（National Association of Cost Accountants）的成立。

在斯图尔特・麦克劳德（Stuart McLeod）的领导下，全美成本会计师联合会采用了一种新的管理模式，即由各市独立组织分会活动，联合会总部对其进行集中管理，在各分会间引入竞争机制，并根据其活动开展情况授予年度奖励。[12]

全美成本会计师联合会及其后继者美国会计师联合会（National Association of Accountants，NAA）、美国管理会计师协会（Institute of Management Accountants，IMA）均坚持为企业经营管理层服务的宗旨，坚持从事教育培训和游说活动。

1972 年，美国会计师联合会创立了自己的资格认证，即注册管理会计师（CMA）。注册会计师考试的科目主要是财务会计、审计和经济法，而注册管理会计师考试则涵盖成本会计、财务分析、统计学、经济学、银行学及其他管理者需掌握的学科。

1981 年，美国会计师联合会发布第一辑《管理会计公告》（Statements on Management Accounting），详细阐述了管理会计的概念框架，包括管理会计的目标、定义、概念及成本管理实践等。该公告还提出了一些值得借鉴的管理会计实践、技术和方法，如作业成本法、固定资产管理以及信息系统成本分摊等。与财务会计准则委员会发布的财务会计准则相比，《管理会计公告》的规范性较弱。

在成本会计领域，会计实务界常常会听取经济学家、工程师等其他领域专家的意见。约翰·莫里斯·克拉克（John Maurice Clark）曾在芝加哥大学讲授一门有关间接成本性质的经济学课程，并于 1923 年将课程材料整理出版。[13] 他的父亲是约翰·贝茨·克拉克（John Bates Clark），因提出宏观经济学中的乘数概念而声名远播，美国最具影响力的经济学奖“克拉克奖”就是以约翰·贝茨·克拉克命名的。

约翰·莫里斯·克拉克的研究方向是无法直接追溯至各个产品的间接成本的习性问题。铁路企业的固定成本几乎不随运输量的变动而变动，这极大地激起了他的研究兴趣。他利用经济学领域的边际分析法研究成本会计问题，边际成本是指某项行为带来的增量成本。克拉克的研究结论包括以下三个方面。

第一，成本会计与财务会计存在本质区别，尽管两者能够共享某些基础信息，但其目标是截然不同的。财务会计的目标是记录特定期间的收入和费用，以计算企业利润并确定当期应分配的股利。复式记账法有助于保护企业资产的安全完整。而成本会计的目标是向管理层提供制定预算标准和价格政策所需的信息。

第二，成本的重要性与其绝对金额无关，同一项成本在某些情况下十分重要，而在另一些情况下可能完全无关紧要。此外，成本习性还和时间跨度有关，每日、每周、每季度和每年的成本数据之间可能都存在差异。利用州际商务委员会提供的数据，克拉克梳理了铁路企业的成本习性。他将成本划分为固定成本和变动成本，研究发现，从足够长的期间来看，基础设施投资通常属于变动成本，它随着销售收入的增加而增加。

第三，企业应当辩证看待并合理分摊生产成本。产品或劳务的成本不可能是在一天、一周、一个月或一年的时间内均匀耗用的，用电高峰期和低谷期的电费价格不同，工作日和非工作日的电话费也存在差异。

此外，他还提出一个问题，即当设备处于可使用状态但没有实际产出时，其所发生成本应当由谁负担。例如，安装消防栓是自来水公司的一项主要的投资，但对收入没有贡献。通用汽车公司提出了标准成本法，主张通过估计未来产能的利用情况制定标准成本。

1924 年，芝加哥大学会计学助理教授詹姆斯·麦肯锡（James O. McKinsey）将自己讲授了 5 年的课程材料汇编成《管理会计》（*Managerial Accounting*）一书出版。与克拉克从经济学视角阐述间接成本和产能管理问题不同，麦肯锡从实务的角度介绍了经营计划和预算工具，帮助企业对经营活动实施控制。

与克拉克类似，麦肯锡也认为财务会计和成本会计是两门完全不同的学科。麦肯锡《管理会计》一书的序言中写道："本书对会计信息和统计数据不作区分，管理会计所需的信息并非全部来自复式记账法下的会计信息。"此外，麦肯锡还详细阐述了如何编制企业收入、采购、运输和生产等活动的控制报告。[14]

麦肯锡提出，企业的组织结构本身就对行政管理职责进行了适当的授权。内部控制能够确保企业所分派的工作任务保质保量地得以完成。企业的内部记录规则能够为企业加强内部控制提供所需的初始素材。他将会计和统计记录视为管理之要义。他给出了很多公司年报中所提及的加强对销售、采购、交易和制造过程的内部控制的例子。

1926 年，麦肯锡离开芝加哥大学，创办了以自己名字命名的咨询公司。其所著的《管理会计》各章末尾均会提供一个研究案例，要求学生利用有限的案例信息思考一系列具有启发性的问题。60 年后，我以 MBA 学员的身份访问了麦肯锡公司（McKinsey & Company），接触到了大量的原始案例素材。

伦敦政治经济学院的经济学家爱德华兹（R. S. Edwards）和罗纳德·科斯（Ronald Coase）提出了经营分析中的机会成本的概念。[15] 机会成本是指由于没有将有限的资源投入最佳使用状态而失去的潜在收益。

例如，假设某企业将一处空地作为停车场供员工使用，由于是自有土地，利润表中无须记录土地租赁费用。然而一个优秀的成本会计师应意识到，一旦将该空地用作停车场，企业就无法再将其卖给愿意支付更高金额的开发商了，因此，企业便失去了获取更高收益的机会。员工停车场的收益与土地转让收益之间的差额，即为机会成本。

尽管机会成本不符合财务会计的确认标准，但前瞻性的经营分析却常常要求企业考虑并对机会成本作出估计，一个常见的情形是，在投资决策时需要考虑股权筹资的资本成本。在公认会计原则下，股权资本一旦筹措到位便不再产生成本费用，但在管理会计中，股权是具有一定经济价值的资源，因此，企业进行投资决策时便存在机会成本。

过去发生的且无法收回的成本属于沉没成本，其机会成本为零。假设企业购置了一台设备，则其应当在财务报表中确认与该设备相关的折旧及其他会计费用。但在前瞻性分析中，该设备的购置成本属于沉没成本，不影响未来的经营决策，因此企业无须考虑。

同一种资源耗费在某些情况下属于机会成本，在另一些情况下属于沉没成本，典型的如温迪汉堡包店（Wendy's）用于制作辣酱汤的肉类原料的成本。这是一家快餐店，每天根据估计的汉堡包订单确定需烤制的牛肉数量。若汉堡包订单量估计偏高导致准备的牛肉过多，剩余的牛肉会因为风干而无法用于制作汉堡包，因此店员别无选择，只能将牛肉捣碎并用于制作辣酱汤。此时，过剩的牛肉属于沉没成本，不增加辣酱汤的制作成本。反之，若汉堡包的销量超过预期，那么将烤牛肉用于制作辣酱汤会产生机会成本，因为这些牛肉本该用于制作汉堡包。此外，机会成本的估计往往没有财务会计那么精确。

1950 年，芝加哥大学会计学教授威廉·瓦特（William Vatter）将自己的课程讲稿汇编成《管理会计》（*Managerial Accounting*）一书出版，该书主要阐述了内部控制、预算计划、生产成本及成本解释等问题。[16]恰似因纽特人的因纽特语有大量与“雪”相关的词汇，瓦特在书中介绍了各类成本概念，如固定成本、变动成本、标准成本、实际成本、估计成本、沉没成本、直接成本、间接成本、可控成本、不可控成本等。成本的测量尺度决定成本的精确度。

和其他芝加哥大学教授显著不同的是，瓦特关注实务甚于关注理论，提出了很多极具实践意义的观点。瓦特给学生提供了大量研究案例，要求他们通过独立的思考深入分析企业的特殊情境，并尽可能地将决策问题和影响因素予以量化，从而减少决策的主观性。此外，他还指出，根据利润表中的历史成本数据进行产品定价是不合理的。

学术界的另一大贡献是将现值分析方法引入了成本会计领域。投资项目的支出和回报之间通常存在一定的时间差。早在 19 世纪初期，保险精算领域的文献就探讨了货币时间价值的概念。但直到 20 世纪 50 年代，工程专家们才将现值分析引入项目评估，将其用于比较分析特定期间的现金支出和现金流入。石油行业的勘探和生产通常需要大规模的投资，因此是较早使用现值分析法的行业之一。

1954 年，《哈佛商业评论》（*Harvard Business Review*）刊文指出，实务界需要能够用于评估不同规模、不同期限的投资项目的方法和工具，并提议将现值分析方法列为项目评估的基本方法。该文作者调查了 50 家企业所使用的评估方法，发现缺乏统一的科学标准。假设有两个项目，项目 A 的初始投资额为 5 000 美元，未来每年的现金流入为2 000 美元，为期 3 年；项目 B 的初始投资额为 60 000 美元，未来每年的现金流入为 10 000 美元，为期 10 年。[17]现值分析法可以用于对比这两个项目的投资回报。50 年后，财务会计准则委员会发布了第 7 号财务会计概念公告《在会计计量中使用现金流量信息和现值》。

1984 年，哈佛商学院发表了一篇题为《Mayers Tap 公司》（Mayers Tap，Inc.）的研究案例。[18]借助早期的个人电脑和成本核算系统软件，学生们可以采用不同的分摊方法将企业的间接成本分配到各个成本归集中心，从而理解成本分摊对会计利润的影响。两步骤的成本分配过程如图 4－1 所示。

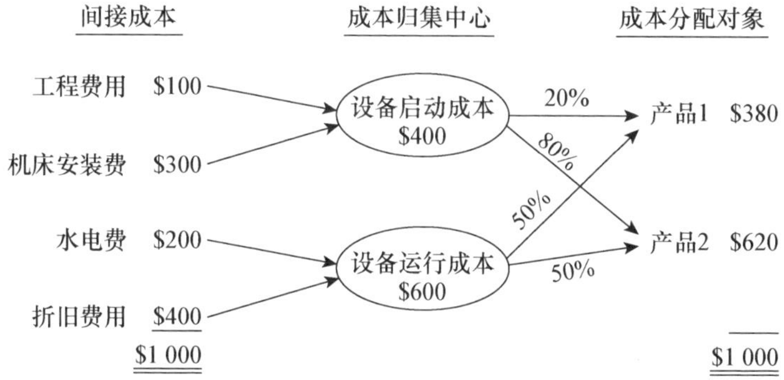

图 4－1　作业成本法示例

如图 4－1 所示，该设备生产两种产品，产品 1 的设备启动成本较低，而产品 2 由于紧密度容限要求较高，因而设备启动成本也较高。假设两种产品消耗的机器工时相等。若依据机器工时、劳动力价格等传统的成本分配基础来分摊间接成本，则可能会扭曲产品成本。

该设备在生产产品 2 时需要较长的准备时间，因此资源耗费也更多。如果忽略这部分成本，则产品 2 的价格将被低估，并导致企业盲目增加产量，进而影响成本相对更低的产品 1 的生产和销售。此时，竞争对手可以利用更准确的产品成本数据，调低产品 1 的定价，从而获得竞争优势。如图 4－1 所示，两步骤分配法较为合理，能够使产品 2 的成本估计更符合实际。

值得注意的是，成本分摊系统只影响已发生成本的分配，不影响资源耗费总额。当企业的间接费用较高时，不合理的成本分配可能会导致严重错误，如某企业把阿司匹林的售价标为 10 美元，某工具制造商为客户定制的扳手售价为 5 000 美元。

成本加成合同是指合同双方约定以承包方所耗费的成本为基础，加上一定比例的费用来确定交易价款的合同，典型的如联邦政府与军工企业签订的军用设备采购合同。在该类合同中，成本分配问题显得尤为重要，如果承包方的会计处理缺乏一致性，则审计师就很难判断承包方的成本分配是否合理。

1968 年，为了更有效地进行政府采购合同的谈判和监督，美国国会授意美国审计署（Government Accounting Office，GAO）就制定成本会计准则的可行性事宜展开研究，并在两年后设立了成本会计准则委员会（Cost Accounting Standards Board，CASB）。

成本会计准则委员颁布的成本会计准则被列入联邦法律汇编，通过法律手段强制推行。该准则阐述了成本的含义，但没有规定成本归集和分摊的具体程序。1980 年，成本会计准则委员会宣告解散，但其颁布的准则仍然对联邦政府采购合同承包商的成本报告起规范作用。

1988 年，成本会计准则委员会得以恢复，隶属于管理及预算办公室（Office of Management and Budget）。该委员会由 5 位委员组成，负责制定或修订联邦政府采购合同承包商的成本会计准则。在本书撰写期间，先后共有 19 项成本会计准则生效，其内容包括总部和业务单元之间的费用分摊、直接材料和直接人工的标准成本、折旧费用、休假和病假工资的会计处理等。

任何一个控制系统都会出现意料之外的问题，由于每个人的动机各不相同，人们会对系统作出未预期的反应。芭芭拉·托夫勒（Barbara Toffler）在安达信会计师事务所的真实经历就是一个生动的例子。20 世纪 90 年代，芭芭拉·托夫勒离开哈佛商学院，成为安达信会计师事务所的一名审计师。

安达信有一套成本会计系统，用以记录各办公室的审计人员所带来的收入和费用。根据该系统，审计收入计入执行现场工作的办公室名下，如果某办公室的合伙人仅负责开发并联系审计客户，那么该客户的审计收入不计入他的绩效。随着安达信的规模不断扩大，业务活动日趋复杂，这一成本系统陆续出现了很多问题，难以反映各部门的真实绩效。

各办公室的合伙人围绕审计收入的归属问题展开了激烈竞争，在他们看来，尽可能多地登记自己所在的办公室的现场工作的工时比合理安排审计工作更为重要。可见，安达信的业绩评价体系引发了内耗，诱使合伙人进行非理性竞争。[19]这为其后续的审计丑闻以及 2002 年的破产埋下了伏笔。

工程师们常常用“局部优化”来形容因盲目追求某一目标而损害组织整体利益的行为。若合伙人强行缩短审计周期、控制审计成本，则审计质量必然无法保证。盲目追求某一目标往往会损害企业的整体利益。

1992 年，哈佛商学院教授罗伯特·卡普兰（Robert Kaplan）和马萨诸塞州顾问大卫·诺顿（David Norton）发表论文《平衡计分卡》(The Balanced Scorecard)，试图为上述问题提出一个可行的解决方案。该文将管理信息系统比作飞机驾驶舱的仪表盘，为确保按计划飞行，驾驶员并不一定要了解所有飞行参数，但要实时关注仪表盘上的主要参数。一套精心设计的控制系统能够将一系列重要变量简化为若干个易理解的关键指标。

平衡计分卡综合考虑了客户层面（如航空公司的准点率、行李丢失率）、内部流程层面（如优化飞行计划，提高飞机载客率）、创新（如研发能力）以及传统的财务层面（如股本回报率）等目标。卡普兰和诺顿指出，传统的管理会计方法源于工业时代的工程思维，强调利用会计数据对经营活动实施控制，而平衡计分卡适用于信息化时代的组织管理，更关注企业的战略和愿景。[20]

【注释】

[1] Rossotti, p. 111.

[2] Johnson and Kaplan, *Relevance Lost*, p. 21.

[3] Previts and Merino, p. 58.

[4] Chandler, *Scale and Scope*, pp. 54-55.

[5] Johnson and Kaplan, p. 112.

[6] Garsten, "'Whiz Kids' Reinvent Automaker."

[7] Kreisler, "Robert McNamara Interview."

[8] Kieso, Weygandt, and Warfield, *Intermediate Accounting*, p. 404.

[9] Carey, vol. 1, p. 142.

[10] Johnson and Kaplan, p. 139.

[11] Flegm, p. 16.

[12] Carey, vol. 1, pp. 311-312.

[13] Clark, *Studies in the Economics of Overhead Costs*.

[14] McKinsey, *Managerial Accounting*, p. xii.

[15] in business analysis: H. Thomas Johnson, pp. 154-157.

[16] Vatter, *Managerial Accounting*.

[17] Dean, "Measuring the Productivity of Capital."

[18] Cooper and Bingham, "Mayers Tap, Inc."

[19] Toffler, *Final Accounting*, pp. 101-108.

[20] Kaplan and Norton, "Balanced Scorecard."

第5章 信息披露

信息公开是解决社会问题及产业弊病的良方。阳光是最好的防腐剂，电灯是最高效的警察。信息公开在反托拉斯领域扮演着十分重要的角色。

——路易斯·布兰戴斯（Louis D. Brandeis），《别人的钱》（*Other People's Money*），1914 年

财务会计在产生之初是那些不参与企业经营管理的债权人用于监控企业管理层受托责任履行情况的工具。到了 20 世纪早期，随着股票市场的快速发展，投资者开始利用财务会计信息进行股票估值。财务会计可否用于投资者预测企业未来经营状况和现金流量，这一问题至今尚存争议。由于其能够将大量数据浓缩为若干个统计数字，因此，会计信息被投资者广泛用于股票估值。然而，当股票市场暴跌并引发全社会反思时，财务会计又会成为众矢之的。

1929 年 10 月 28 日和 29 日，道琼斯工业指数（Dow Jones Industrial Average，DJIA）下跌 23.1%，投资者损失高达数十亿美元。直到 25 年后的 1954 年，道琼斯工业指数才回到 1929 年的最高点。1987 年 10 月 19 日，道琼斯工业指数单日跌幅 22.6%，两年后才得以恢复到先前的水平。2001 年 9 月 17 日即“9·11”事件后，股票市场下跌

7.1%，4 周后才得以恢复。

为避免经济危机再次上演，美国国会制定并通过了多项法律法规，诸如《1933 年证券法》和《1934 年证券交易法》等彻底改变了美国公众公司的财务会计模式。

在 20 世纪前 30 年，企业财务报告的改善使得公众对金融证券的态度逐渐有所好转。1900 年，全美总人口约为 7 600 万，其中大约有 50 万人从事股票投资。到了 1920 年，总人口增至 1.06 亿，股票投资者的数量也扩大至 200 万。[1]有两位学者根据个人纳税申报表中的股利收入数据进行测算，结果表明，20 世纪 20 年代末，全美 1.2 亿总人口中大约有 550 万人从事股票投资。[2]

股票投资的快速发展使得利润表逐渐占据了主导地位，成为最重要的财务报表。利润表反映了企业的盈利能力及增长潜力，能够帮助信息使用者评估企业未来的股利支付能力。尽管纽约证券交易所要求 1916 年以后上市的公司披露季度报表，但很多上市公司依然选择不对外披露利润表。[3]

在无法获取利润信息的情况下，投资者只能根据股利支付情况来评价企业的盈利能力，这使得部分管理层为制造利润稳定的假象而不惜将投入资本用于股利支付。债券的投资收益较为稳定而普通股股利却不断下降，这表明投资者对股票市场的信心与日俱增。[4]

20 世纪 20 年代，美国社会出现了质疑财务会计的声音。1927 年，哈佛大学纳撒尼尔·罗普斯政治经济学教授* 威廉·里普利（William Z. Ripley）撰写了第一本关于公司治理的著作——《主街与华尔街》（*Main Street and Wall Street*）。

威廉·里普利对当时的信息披露状况表示不满，并竭力倡导信息公

---

* 该教席后来由美国财政部部长、哈佛大学校长劳伦斯·萨默斯（Lawrence Summers）接任。——译者

开透明。他指出，高质量的利润表能够帮助投资者评价企业的盈利能力，但企业普遍未能及时披露盈余信息。在美国证监会成立之前，纽约证券交易所是实质上的监管机构。威廉·里普利查阅了上市公司与纽约证券交易所签订的上市协议，并整理了协议中记载的财务报告类型，具体如表5-1所示。[5]

表5-1　上市公司与纽约证券交易所签订的上市协议中记载的财务报告类型（1926年前后）

报告期间	上市公司数量	百分比
季度	242	25%
半年度	79	8%
年度	339	35%
未约定	297	32%
合计	957	100%

此外，他还抨击了会计处理不一致的现象，如少计负债，利用折旧费用平滑盈余，利用重估值虚增资产价值，以及商誉的会计处理存在巨大差异等。信息披露不充分与会计处理多样化的叠加，导致美国的中产阶级很难公平地参与到股票交易中。因此，他认为联邦贸易委员会（成立于1914年）应当建立统一的企业财务会计标准，以保证股票市场的公平、公正。

另一个批评的声音来自纽约证券交易所上市委员会执行助理霍克西(J. M. B. Hoxsey)，他因在1930年于科罗拉多州斯普林斯举办的美国注册会计师协会年会上发表演说而名声大噪。[6]霍克西认为，在过去，财务会计的主要目标是为企业管理层和债权人提供决策所需的信息，因此资产负债表的编制遵循谨慎性原则。但现在，股权投资者往往更关注利润数据而非资产数据，所以谨慎性原则可能不再适用。

霍克西希望注册会计师能够敦促自己审计的客户公允地报告财务信息，例如特定期间的折旧费用应当与固定资产的实际使用情况相关，而不是与当期利润相关；折旧率应当由技术人员而非财务人员确定；企业应当披露合并报表，以全面反映下属子公司的负债和损失。

他还认为，企业应当报告其销售收入。披露收入数据尽管可能会给企业带来不利影响（如向竞争对手和消费者透露利润信息），但却能够帮助股票投资者更好地预测企业未来的经营状况。此外，企业应当在信息披露中对经营所得和其他所得、投入资本和留存收益、现金股利和股票股利等进行区分。

哥伦比亚大学法学教授阿道夫·伯利（Adolf Berle）和经济学教授加德纳·米恩斯（Gardiner Means）对企业发行掺水股的行为表示不满。他们指出，很多企业通过发行掺水股票来获取资金，自1912年起，部分企业甚至发行无面值普通股来换取非现金资产。[7]在早期，股票面值仅包括发行人收取的现金数额，无面值股票则对应于企业获得的非现金资产，如土地、固定资产或认购股份的投资者所拥有的债权等。发行掺水股稀释了老股东的利益，且无法为企业带来有价值的资源。

财务会计并非股票崩盘的罪魁祸首。约翰·肯尼思·加尔布雷思（John Kenneth Galbraith）在著作中写道："导致20世纪20年代末股票价格暴涨的因素主要是过度投机、保证金贷款以及市场操纵，股票崩盘意味着投资泡沫的破裂。"[8]

乔治·本斯顿（George Benston）是利用经济学理论研究会计问题的代表人物之一。20世纪70年代，他在梳理30年代的国会听证会记录和法院判决书时发现[9]，股市大崩盘之前，很少有史料提及财务报告欺诈或虚假陈述，指控企业欺诈或审计师存在重大过失的诉讼案更是少之又少。

此外，乔治·本斯顿还考察了1934年要求披露销售收入的规定对股票回报的影响。从理论上说，如果销售收入信息对投资者是有用的，那么该信息披露规则将会对股票价格产生显著影响。他对比分析了该规则发布前主动披露销售收入的企业和从未披露销售收入的企业的股票回报，结果表明，该规定对股票价格没有显著影响。但该结果并不意味着投资者不关心企业的收入信息，相反，投资者很有可能已经找到了销售收入的替代指标来衡量企业的增长潜力。后来，陆续有学者发现证券价格能够在财务报表正式公布之前对信息作出调整。此外，企业财务报告的质量越高，其股价在股市崩盘时下跌的幅度越小。[10]

监管部门致力于采取措施，遏制资本市场的投机行为，因为股价的过度波动会影响企业正常的经营活动、投资者信心及税收收入。资本市场的健康运行离不开公平的市场环境，两部联邦证券法案的立法初衷就在于维护资本市场的公平。

1933 年 5 月 27 日，《1933 年证券法》生效，该法要求“从事跨州或跨国证券交易的公司以及通过邮寄方式销售证券的公司进行充分、公允的信息披露，以防止证券交易的欺诈行为”。次年 6 月 6 日，《1934 年证券交易法》颁布实施，依据该法成立的美国证监会负责对二级市场上的证券交易活动实施监管。

根据《1934 年证券交易法》的规定，美国国会将证券市场上的财务会计规则的制定权授予美国证监会，要求其制定会计准则，规范财务报告的内容和格式。众议院能源和商务委员会（The House Energy and Commerce Committee）负责监督证券法的实施及美国证监会的工作，其下属的监督和调查委员会负责评估证券法的实施效果。

综上，证券监管的核心是信息披露，准确及时的信息披露是保障资本市场有效运行的必要条件。《1934 年证券交易法》要求上市公司定期发布经独立审计师审计的财务报表。

此外，美国证监会还致力于减少会计处理的多样性，取得了显著成果。例如，1938 年 4 月发布的第 4 号会计系列公告（Accounting Series Releases，ASR）指出，依据没有得到“实质性权威支持”的会计原则所编制的财务报表及报表附注都将被认为是具有误导性的。可见，除建立强制性信息披露制度以外，美国证监会还有权评判企业所提交的财务报表的合理性。[11]两年后，美国证监会颁布 S-X 条例，系统规定了企业提交给美国证监会的财务报表的内容和格式。

《1934年证券交易法》中最著名的条款，当属“禁止公司内部员工利用其掌握的重大非公开信息买卖本公司股票”。换言之，管理层若试图利用某一内幕信息进行股票交易，则必须事先对该信息进行充分、有效的披露。

股票交易本身是一个零和博弈，信息披露是市场主体进行公平交易的基本保证。股票市场起起落落，涤荡出一批又一批的成功者和失败者。当股价暴涨时，卖方错失了增值收益，买方则被套牢。股票市场上的信息不对称导致大量财富从处于信息劣势的一方转移到处于优势的一方。

2000年，沃顿商学院教授克雷格·麦金雷（Craig MacKinlay）在高管培训课上提到这样一个例子。假设你计划投资1美元，投资期间为1926年1月至2000年6月，有三种投资策略可供选择：一是购买并长期持有政府债券；二是购买并持有一揽子股票；三是在前两种投资策略间来回切换。

如果选择第一种投资策略，即长期持有债券，那么1美元的初始投资将获得16美元的税前收益。如果选择风险较高的第二种方案，则一揽子股票的价值将上升至2 800美元。爱因斯坦曾惊叹于复利的威力，显然当时他还不了解内幕交易的威力。如果能够充分利用所有内幕信息进行债券和股票交易，那么，1美元的投资将获得89亿美元的回报，年回报率高达35%。[12]

显然，没有谁能掌握所有的信息，但不可否认，的确有少数幸运的人可以比其他人获得更多信息，从而得以利用信息优势谋取利益。例如，假设某公司[13]从未发放过股利，公司股价在1927年年末为100美元。到了第2年，由于新产品出师不利，股票价格下跌至50美元，然后在第3年年底又回升至100美元。由图5-1可知，从整个期间来看，该股票的回报率为0。

假设有两个投资者均拟用300美元购买该公司股票。第一个投资者对新产品的发行情况一无所知，其初始投资为200美元，并在一年后继续投资100美元。第二个投资者对新产品的情况略有了解，为谨慎起见，他决定先投资 100 美元。图 5－2 表明，尽管从整个期间来看，该股票的价格没有变化，但投资者依然可以利用价格波动进行短线交易，从而赚取收益。

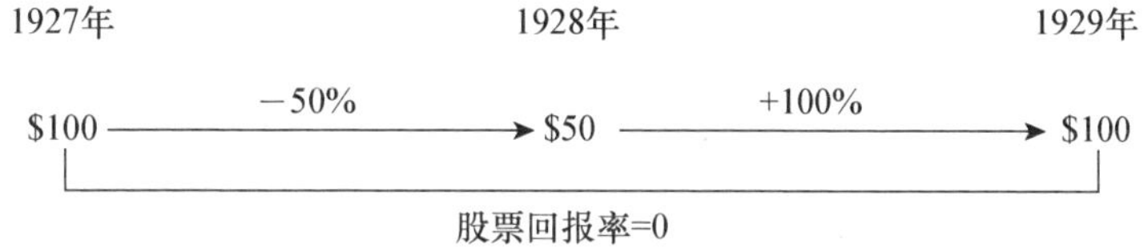

图 5－1　1927—1929 年间买进该股票并持有的收益率

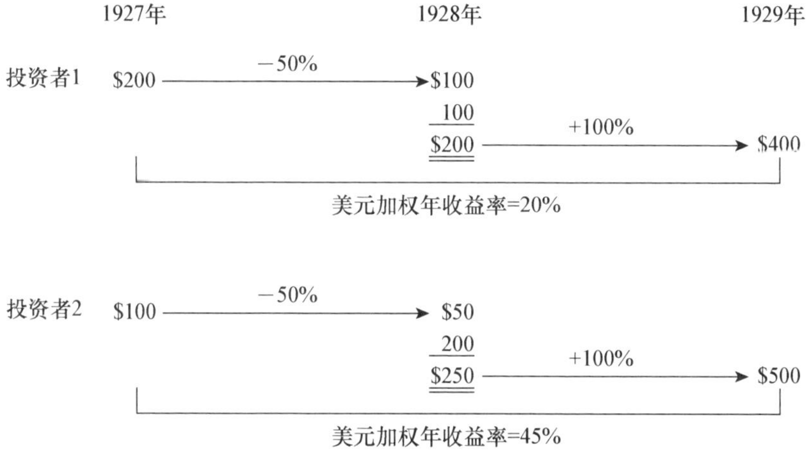

图 5－2　两种投资策略的美元加权收益率

由图可知，第二位投资者能够利用自己的信息优势制定投资计划，其所掌握的信息尽管并不十分准确，但却足以使他获得比其他投资者更高的回报。可见，即便是少量的信息也可能会带来巨大的收益。

正是为了保证金融市场的公平、提升投资者信心，美国国会颁布了证券法，美国证监会开始对上市公司的信息披露行为实施监管，要求企业增加披露内容，提高信息披露的及时性。

中期报告制度有利于及时向投资者提供高度概括的信息，并减少内幕交易。1945 年，美国证监会开始要求企业披露中期报告，之后又在 1952 年取消了这一规定。为了对场外交易实施监管，1964 年通过的《1934 年证券法修正案》重新恢复了披露中期报告的规定。1970 年，美国证监会要求企业提交无须审计的季度报告（即 10-Q 表格）。20 世纪末，定期发布季度报告成为北美地区的实务惯例。

有关中期报告的经济后果的学术研究相对较少。有观点认为，提高财务报告的披露频率有利于增加证券价格的信息含量，减少股价波动，增强市场流动性，但与此同时，分析师的工作量也显著增加。[14] 在 20 世纪 90 年代末的互联网泡沫期间，季度报告是财务会计领域的重要议题之一。

监管机构认为，季度报告不足以满足投资者的信息需求，信息不对称问题依然有可能存在，如上市公司有选择性地向分析师及特定股东泄露信息。为此，美国证监会 2000 年颁布监管条例 FD，规定当企业内部人员向少数可能参与公司股票交易的投资者披露重要非公开信息时，企业必须同时公开向社会公众作出同样的披露。

19 世纪，出于提高行业地位、改善从业人员的经济状况的目的，各类行业组织竞相萌芽，典型的如美国医学会（American Medical Association，AMA，成立于 1847 年）、美国建筑师协会（American Institute of Architects，AIA，成立于 1857 年）、美国牙科协会（American Dental Association，ADA，成立于 1859 年）、美国银行家协会（American Bankers Association，ABA，成立于 1875 年）及美国律师协会（American Bar Association，ABA，成立于 1878 年）等。这些行业组织负责制定行业培训标准，建立职业资格认证，发布并实施职业道德准则。此外，很多行业协会都在华盛顿设立有游说办公室。

1931 年，美国主计长协会（Controllers Institute of America）成立，该协会代表了报表编制者（即企业财务总监）的利益，负责对协会会员进行培训，还热衷于开展游说活动进而影响政策制定。1969 年，该协会更名为财务经理协会（Financial Executives Institute），之后又在 2000 年更名为财务经理国际协会（Financial Executives International，FEI)。时至今日，财务经理国际协会已经成为代表美国主计长、财务主管和首席财务经理等群体的最重要的行业组织。

1937 年，一些投资者自发组建了纽约证券分析师协会（New York Society of Security Analysts)，旨在增强财务报表对证券投资决策的有用性。其中包括传奇人物本杰明·格雷厄姆（Benjamin Graham)。1945 年，该协会开始发行《分析师杂志》（*Analysts Journal*），后更名为《金融分析师杂志》（*Financial Analysts Journal*）。随后，一些类似组织相继在其他城市成立。分析师们建立了自己的职业资格认证，即特许金融分析师（Chartered Financial Analysts，CFA)。该资格认证尤其强调分析师要透彻理解财务会计的功能。自 1999 年起，特许金融分析师协会和 CFA 项目办公室开始在投资管理研究协会（Association for Investment Management and Research）的主持下开展工作。

1941 年，内部审计师协会（Institute of Internal Auditors）成立，其宗旨是帮助内部审计师更好地为企业创造价值。内部审计师是企业内部员工，主要负责审核财务报表的真实性，评估内部控制系统的有效性，有时还会协助企业聘请的注册会计师开展独立审计工作。

在所有从事会计相关工作的群体中（包括审计师、簿记员、主计长、产业工程师、监管员以及税务经理等)，注册会计师行业最为看重职业地位和公众认可度。1887 年，部分公共会计师发起设立了美国公共会计师协会（American Association of Public Accountants)，即美国注册会计师协会的前身。

在注册会计师积极的游说下，其专业地位相继获得了全美各州的认可（1896 年获得纽约州的认可，1921 年在全美各州均获得认可)。各州注册会计师协会创办大学会计教育（纽约州，1938 年)，建立统一的资格考试制度（始于 1917 年，并在 1952 年遍及全美)，并于 1905 年创立了一本具有较强影响力的行业期刊——《会计杂志》(*Journal of Accountancy*)。[15] 1929 年股市大崩盘后，美国注册会计师协会专门成立了一个委员会，负责与纽约证券交易所合作制定财务报告准则。该委员会提交了五项会计原则，内容包括收入确认和资产的分类列报等。从工作积极性和主动性的角度看，其他任何一个行业组织可能都难以与美国注册会计师协会相媲美。

1933年4月，哈斯金斯·塞尔斯会计师事务所合伙人参加参议院银行和货币委员会（Senate Committee on Banking and Currency）听证会，并发表证词。面对部分支持政府审计的参议员对注册会计师行业的质疑，时任纽约州注册会计师协会会长、毕业于西点军校的亚瑟·卡特（Arthur H. Carter）上校慷慨陈词，他的总结显著地提升了注册会计师行业的职业地位。[16]

参议员巴克利（Barkley）：你所在的这个有2 000名成员的组织和美国主计长协会有什么关系吗？

卡特：没有任何关系，我们负责审计主计长。

参议员巴克利：你们负责审计主计长？

卡特：是的，公共会计师审计主计长编制的会计账目。

参议员巴克利：那谁来审计你们呢？

卡特：我们的良心。

参议员巴克利：这就奇怪了，难道主计长不比审计师更懂审计吗？难道他们不懂审计业务吗？

卡特：主计长受雇于企业，他必须服从上级的命令。

参议员巴克利：这个我知道。但是，他应该对审计业务有所了解吧？

卡特：是的。

参议员巴克利：那他也应该对会计核算有所了解吧？

卡特：但他不具有独立性……

参议员雷诺兹（Reynolds）：注册会计师凭什么要求政府授予其审核企业会计账目的权力？

卡特：因为人们普遍认为对企业进行独立审计是好事。

参议员雷诺兹：好吧。可一旦出现争议，联邦贸易委员会依然需要对会计报表重新进行审计，对会计报表的合理性进行最终裁定。正如参议员巴克利所说，政府审计是必要的。若注册会计师行业谋求私利，岂不是给政府带来更多麻烦，耗费更多金钱和时间吗？……注册会计师审计真的比政府审计更经济吗？

卡特：我认为是的。

参议员戈尔（Gore）：那就没什么可质疑的了。

参议员雷诺兹：为什么？

卡特：我们熟知企业的账户情况、股权结构及会计核算制度的缺陷。

通过这次听证会，注册会计师行业成功阻止了联邦政府对公司审计的干预，并将注册会计师和主计长、成本会计师、内部审计师以及会计学术界区别开来。在联邦政府的观念中，注册会计师行业代表了会计界的专业水准。

1938 年的麦克森罗宾斯案进一步提升了注册会计师审计的影响力。麦克森罗宾斯公司（McKesson & Robbins）是一家医疗保健品批发商，其资产负债表上显示的资产总额为 8 700 万美元，但其中有价值 1 900 万美元的应收款项和存货是伪造的。[17] 此外，该公司在 50 年后又卷入另一桩会计丑闻，多位高管锒铛入狱。

事后看来，当时负责该公司审计业务的普华会计师事务所的审计师连最基本的审计程序都没有执行，如应收账款函证、存货监盘等。然而，社会公众经由这一事件得出的结论却是管理层是不可信的，他们不会自觉提供准确无误的财务报表，未经审计的报表就像自己批改的试卷。立法机关和投资者一致认为，只有经由独立第三方审核通过的报表信息才是真实可靠的。

对比美国注册会计师协会所收获的尊重和声誉，美国会计学会（American Accounting Association）、全美会计师协会（National Association of Accountants）、主计长协会和内部审计师协会等其他行业组织均难以望其项背。注册会计师行业俨然成为整个会计职业界的“代言人”。奥斯卡颁奖典礼的主办方每年都会邀请普华会计师事务所（现为普华永道会计师事务所）合伙人负责统计选票。1987 年，为纪念美国注册会计师协会成立 100 周年，美国邮政署（U. S. Postal Service）发行了专版纪念邮票。工程师、纳税申报员、保险公司偿付能力监察员等均未获此殊荣。

随着注册会计师行业地位的不断提升，一些矛盾开始显现。由于该行业建立起了博学、专业的职业形象，社会公众对审计师的期望越来越高。他们认为，注册会计师应当对公众投资者负责，而不是对支付审计报酬的企业负责；注册会计师的目标应当是发现管理层舞弊，而不是针对报表是否按照公认会计原则编制发表意见。审计师与社会公众期望的差距是 20 世纪中后期会计职业界面临的重点问题。

使用审计报告的投资者在遭受损失后，会向负责审计的会计师事务所寻求赔偿。他们认为，审计报告如果未能揭示企业未来可能出现的财务问题，就表明审计师存在失职行为。所有投资者的投资损失汇总起来以后往往数额巨大，而客户企业的偿债能力又十分有限，因此资金雄厚的会计师事务所往往会变成投资者起诉的重要目标。

审计师法律责任的概念可追溯到英国的法律制度。英国的特许会计师出现的时间早于美国的注册会计师。根据英国法律的规定，审计师在执行审计工作时应当具备一个合格的审计师所应有的专业技能、职业关注和职业谨慎。但在著名的金斯顿毛纺厂案（Kingston Cotton Mill Case，1986）中，审计师在核实存货的数量和金额时依赖了管理层陈述，而未对存货进行实地监盘，其理由在于客户企业的管理层“品行良好且拥有绝对的胜任能力”。负责审理此案的法官认为，审计师无须承担法律责任。注册会计师是公众的“看门人”而非“猎犬”，他们在执行审计工作时不会怀着质疑一切的态度，也不存在“账目肯定有问题”的预设立场。

美国法律界试图确定审计师对投资者和债权人的责任，但结论难以统一。1924年2月26日，图什与尼文会计师事务所（Touche，Niven & Company）在审计橡胶经销商弗雷德·斯特恩公司（Fred Stern & Company）1923年的财务报表时，由于未执行应有的审计程序，因而未能发现客户伪造应收账款、高估存货价值等舞弊行为，并出具了干净的审计意见。事实上，弗雷德·斯特恩公司早已资不抵债了。

随后，弗雷德·斯特恩公司利用审计后的资产负债表进行融资，并从厄特马斯公司（Ultramares Corporation）获得了165 000美元的贷款。1925年1月，弗雷德·斯特恩公司宣告破产，致使厄特马斯公司的贷款无法收回。为了弥补经济损失，厄特马斯公司向法院起诉了图什与尼文会计师事务所。各方争议的焦点是，既然审计报告的使用者并未向会计师事务所支付报酬，那么事务所是否还应当对审计报告的使用者承担责任呢?

纽约州上诉法院认为，注册会计师有责任向债权人和股东提供关于企业不存在舞弊行为的保证。注册会计师若能够在审计过程中始终保持诚实的态度，则可以减轻或免除法律责任（Ultramares Corporation v. Touche et al.，255 N. Y. 170）。该案对公共会计师行业具有一定的震慑力，因为在此案之后，投资者可以重大过失为由起诉审计师，且重大过失和一般过失之间通常没有明确的界限。

公共会计师行业面临的第二次威胁是美国大陆自动售货机公司（Continental Vending）案。1962年，大陆自动售货机公司总经理挪用了一笔公司款项用于个人投资（与40年后阿德菲亚通信公司（Adelphia）创始人约翰·里格斯（John Rigas）的行为如出一辙），但由于投资失败导致款项无法收回。为了掩盖事实，公司在财务报表中记录了一项对关联企业的应收款。莱布兰德·罗斯兄弟和蒙哥马利会计师事务所（Lybrand，Ross Bros. & Montgomery）在审计1962年9月30日的财务报表时并未关注到这一可疑账户，依然出具了无保留的审计意见。

根据《1934年证券交易法》的规定，掩盖事实真相、伪造财务报表属于违法行为。陪审团认为，3位审计师在明知财务报表具有误导性的情况下依然对其签发无保留意见，应当被判定有罪。虽然财务报表的编制遵循了公认会计原则、资产计价存在职业判断空间，但这些均不足以构成免罪的辩护事由。当时注册会计师行业已经取得了较高的社会地位，给审计师定罪面临较大压力，但主审法官依然坚持支持陪审团的裁决（United States v. Simon，425 F. 2d 796）。该案表明，即使按照公认会计原则行事，注册会计师依然有可能被判违法。

20世纪后期，注册会计师行业的诉讼风险不断提高。根据一位知名学者的估计，到了1993年，大型会计师事务所的法律成本约占审计收入的10%～15%。[18]

为此，公共会计师行业努力降低审计报告的保证程度，积极应对诉讼危机。《1934年证券交易法》实施后，注册会计师对财务报表审计的责任逐渐减轻，审计师的工作从证明财务报表的真实性，转为对报表的合法性和公允性发表意见。[19]此外，会计师事务所通常选择注册为有限合伙制，以避免所有合伙人因个别合伙人的过失而承担无限责任。

《1934年证券交易法》颁行以来的一系列法律法规，以及各类证券监管、司法判决真的起作用了吗？历史学家和法学家们对此争论不休。美国前总审计长查尔斯·鲍舍尔（Charles A. Bowsher，曾就读于伊利诺伊大学和芝加哥大学等会计学重镇）指出，直到大萧条过去40年以后，美国才爆发新一轮的会计丑闻[20]，如宾夕法尼亚中央铁路公司（Penn Central）通过虚增盈余、支付高额股利来掩盖经营问题，并最终于1970年破产。[21]而此前的40年间几乎从未发生过重大会计丑闻，这表明大萧条时期的立法确实取得了一定的成效。

【注释】

[1] Baskin and Miranti，p. 190.

[2] Berle and Means，p. 60.

[3] Ibid.，p. 297.

[4] Baskin and Miranti，p. 232.

[5] Ripley, p. 187.

[6] Hoxsey, "Accounting for Investors."

[7] Berle and Means, p. 211.

[8] Galbraith, *Great Crash 1929*.

[9] Benston, "Required Disclosure."

[10] Barton and Waymirc, "Investor Protection."

[11] Benston, "Require Disclosure."

[12] Wharton seminar, "Pension Fund and Investment Management," Philadelphia, Pennsylvania, June 2000.

[13] Example inspired by Jeffrey Jaffe at June 2000 Wharton seminar.

[14] Yee, "Interim Reporting Frequency."

[15] Flesher, Miranti, and Previts, "First Century of the CPA."

[16] Carey, vol. 1, pp. 184-188.

[17] Carey, vol. 2, p. 23.

[18] "Stern Stewart Roundtable," comment by Jerold Zimmerman, p. 7.

[19] Chambers, "Fair Financial Reporting."

[20] Financial Management Network, "Accountable Accounting."

[21] Bruner, *Deals from Hell*, pp. 106-107.

第 6 章　会计标准的建立

先例确立起来的东西不会在旦夕之间被推翻，确定性和统一性是一种财富，不应轻易舍弃。

——本杰明·卡多佐（Benjamin N. Cardozo），《法律科学的悖论》（*The Paradoxes of Legal Science*），1928 年

股票投资者意识到，会计处理的多样性可能会产生严重的不良后果。例如，石油行业巨头英国石油（British Petroleum）和埃克森美孚（ExxonMobil）2003 年的营业收入均为 2 250 亿美元，但两家公司的收入计算方法却存在差异，其中一家的收入包括了消费税，另一家则未包括。尽管《财富》杂志在进行年度销售额排名时能够考虑到公司间会计政策的差异，从而进行相应的会计调整[1]，但多样化的会计处理方法却会对普通投资者产生误导。为了提高会计信息在不同企业之间的可比性，会计准则应运而生。

哈佛商学院教授罗伯特·安东尼（Robert N. Anthony）强烈反对允许企业自由选择会计政策的自由放任主义。多样化的会计处理容易对

公众投资者造成误导，如果没有统一的会计规则和理论框架，财务报表的可理解性将大打折扣。[2]

财务会计准则制定机构的立场与安东尼教授一致。一直以来，准则制定机构致力于发现会计问题，研究解决方案并出台相关准则。但遗憾的是，它们在发布准则时很少提及其解决方案是如何确定的，以及为什么要选择特定会计方法等问题。大萧条以来颁布的财务会计准则几乎都难以令人满意。作为对比，诸如医药、工程、建筑等行业并没有统一的行业准则[3]，甚至连美国的法律体系都不是由一系列准则组成的，而是由法令、法规、判例法等共同构成的。

统一会计处理实践的原动力起始于保险行业。1871 年，联邦保险监管机构设立美国保险监督官协会（National Association of Insurance Commissioners），以加强对保险公司跨州销售行为的协调监管。由于在投保人支付保费到收到保险赔偿之间存在时间差，因此保险行业监管的重点是保障被保险人如约收取保险赔款的权益。

保险行业常常出现“赢者的诅咒”（winner's curse）现象。例如，纽约、芝加哥、波士顿等地的几场大火过后，当地很多财产保险公司因竞标策略过于激进而无法筹足赔偿款，最终不得不宣告破产。[4]而制定统一的财务报告规则有助于监管机构监控保险公司的偿付能力。保险会计规则与清算会计颇为相似，它们注重反映假设立即出售所有资产所能实现的金额，与公认会计原则中所持的无限期寿命和持续经营的概念存在本质区别。

1916 年，联邦贸易委员会致函美国注册会计师协会，表达了对会计处理多样性、部分企业折旧费用明细不合理等现象的不满。由此可见，政府部门倾向于让注册会计师行业而非企业管理层来解决财务会计领域的问题。作为回应，美国注册会计师协会提交了一份长达 14 页的报告，该报告于 1917 年 4 月 1 日（即美国对德宣战的 5 天前）发布在联邦储备公报中。

美国联邦储备系统之所以加入，是因为其会员银行普遍从事商业汇票买卖活动，而票据买方需要利用资产负债表来评估出票人的财务风险。受注册会计师的专业服务范围所限，该报告仅着重阐述了资产、负债和所有者权益等项目的审计技术，而很少涉及财务会计问题。

20 世纪 30 年代早期，美国注册会计师协会设立了一个特别委员会，负责与纽约证券交易所合作制定财务报告的一般原则。普华会计师事务所高级合伙人乔治·O. 梅（George O. May）担任该委员会主席。1934 年，该委员会制定了关于收入确认和资产列报的 5 项指导原则。

随后，美国注册会计师协会于 1939 年组建会计程序委员会（Committee on Accounting Procedure，CAP)，并开始发布会计研究公报。该委员会成员最初由 18 位注册会计师行业代表、3 位学术界代表（A. C. 利特尔顿、威廉·佩顿和罗伊·凯斯特）以及美国证监会代表卡曼·布劳组成。值得注意的是，成员中没有来自企业界或税务部门的代表。

当第二次世界大战在欧洲爆发之时，会计程序委员会发布了第一份真正意义上的会计准则——会计研究公报第 2 号《未摊销的赎回债券的溢价或折价》（Unamortized Discount and Redemption Premium on Bonds Refunded)。该准则没能减少会计处理方法的多样性，依然允许企业在三种会计处理方法中自由选择，这预示着会计程序委员会可能无法避免被取代的命运。由此可以看出，在委员们看来，用不同的会计方法报告同一事项并无大碍。

会计程序委员会虽然宣称以减少实务差异、提高会计信息一致性为目标，但却从未强制要求企业采用统一的核算方法。该委员会声称，会计规则的一致性固然重要，但却不能因为过度追求一致性而忽略了财务报告的其他目标。此外，会计处理方法的多样性有助于推动企业大胆尝试新的会计方法，不断淘汰旧方法。[5]

阿瑟·L. 迪金森（Arthur L. Dickinson）爵士的高足乔治·O. 梅是上述观点的忠实拥趸。他深受英国会计传统的影响，主张将会计规则视为法律的延伸。他认为，准则制定机构应当制定财务报告的基本原则，并赋予企业管理层一定的职业判断空间，而不是盲目追求规则的一致性。

有评论指出，会计程序委员会只是在忙于灭火，而不是预防火灾。[6]

还有人认为，会计程序委员会未能给出公认会计原则的定义，所发布的会计研究公报也缺乏调查论证。[7]此外，该委员会也未能将各类会计处理方法汇编成册。作为对比，就在会计程序委员会成立当年，美国国会和财政部成功将所得税会计编入了 1939 年《国内收入法典》。

1939 年至 1959 年间，会计程序委员会共发布了 51 份会计研究公报，内容涵盖无形资产、应急储备、所得税、养老金计划、股票期权薪酬计划等，这些内容至今仍是财务会计领域的热点问题。但遗憾的是，这些准则均难以称得上令人满意，美国证监会指出，会计处理方法的多样化问题依然存在，学术界则认为，该委员会所发布的会计研究公报缺乏逻辑自洽的理论基础。

在该委员会的众多注册会计师行业代表中，来自安达信会计师事务所的伦纳德·斯帕切克（Leonard Spacek）是最直言不讳的批评家之一。由于曾经帮助商业巨贾塞缪尔·英萨尔（Samuel Insull）成功解决芝加哥公用事业公司的交易纠纷，安达信在注册会计师行业的声望极高。此外，斯帕切克还曾为公用事业行业设计了大量会计处理方法，以帮助监管部门合理厘定费率。斯帕切克主张建立统一的会计规则，以增强会计信息可比性。

1947 年，斯帕切克在安达信会计师事务所濒临解散之际临危受命，成为该事务所创始人亚瑟·E. 安达信（Arthur E. Anderson）的继任者，并领导安达信一直到 1970 年。他在遭受质疑时显示出了巨大的勇气，声称自己来自艾奥瓦州，可以随时回家种玉米。[8]这位来自美国中西部的充满活力的会计师恰好与文质彬彬的乔治·O. 梅形成了鲜明对比。

斯帕切克在公用事业行业的实务经验使其坚定地支持会计规则的统一。他表示，以新闻业为例，如果读者在某份报纸上看到一则消息，那么他应该也能够在另一份报纸中找到类似的报道。[9]

斯帕切克坚信，为了树立安达信会计师事务所的品牌形象，所有审计客户都必须遵循统一的会计规则。会计核算方法不应取决于签发审计意见书的合伙人的个人观点。[10]不同的审计师对同一项经济业务应当做出相同的判断。[11]

斯帕切克一直在审计实践中践行着自己的理念。以安达信会计师事务所承接的杜邦公司的审计业务为例，杜邦公司持有通用汽车公司23%的股权，杜邦公司按照其在通用汽车公司中所享有的利润份额而非股利分配来确定投资收益。尽管斯帕切克认为通用汽车公司的会计处理是合理的，但由于权益法在当时不符合公认会计原则*，因此斯帕切克依然不同意此项会计处理，并成功说服亚瑟·安达信出具了保留意见。其结果是，安达信很快失去了杜邦公司这一重量级客户。[12]斯帕切克这种坚守原则的行事风格还使其失去了铁路公司和储贷协会等客户。[13]

安达信会计师事务所的竞争对手们倾向于将安达信视为主要开展公用事业审计的地区性事务所，这令斯帕切克感到备受冷落。事实上，他对那些同行也没有多少好感。此外，他强烈地反对会计规则的弹性化，把会计程序委员会发布的会计研究公报称为“过时的公认会计原则”(generally accepted and antiquated accounting principles)。[14]

20世纪50年代，斯帕切克针对会计界发表了一系列极具影响力的言论，公开批评注册会计师审计行业和注册会计师协会，这被业界视为前无古人的壮举。[15]他指出会计程序委员会的准则制定是“闭门造车”，所发布的会计研究公报缺乏理论支持。他还提议设立会计法庭，以解决会计领域的分歧并给出依据。[16]作为对比，普华会计师事务所和哈斯金斯·塞尔斯会计师事务所的审计客户多为工商企业而非公用事业类企业，这两家事务所是弹性化会计规则的捍卫者和支持者。[17]

1957年10月，莱布兰德·罗斯兄弟和蒙哥马利会计师事务所管理合伙人、美国注册会计师协会会长阿尔文·詹宁斯（Alvin Jennings）坦承，当前的财务报告准则存在很大问题。他不无忧虑地指出，会计程序委员会屈服于实务界的压力，未能制定统一的会计原则，而美国注册会计师协会的竞争对手——美国会计学会却发布了会计理论框架，并获得了美国证监会首席会计师的支持。[18]

有鉴于此，詹宁斯设立了一个专门工作组，并邀请哈斯金斯·塞尔

* 直到1971年，会计原则委员会才发布第18号意见书，允许权益法的会计处理。沃伦·巴菲特将企业根据权益法所记载的投资收益称为透视盈余（look-through earnings）。——译者

斯会计师事务所高级技术合伙人韦尔登·鲍威尔（Weldon Powell）担任组长。除鲍威尔外，工作组成员还包括美国证监会首席会计师安德鲁·巴尔（Andrew Barr）和普华会计师事务所执行合伙人保罗·格雷迪（Paul Grady）。他们三人曾是伊利诺伊大学的同班同学，师从利特尔顿（A. C. Littleton）。利特尔顿是历史成本会计的坚定捍卫者，他认为，会计规则应当植根于实践。鲍威尔反对盲目追求一致性的立场，认为企业应当拥有一定的自主权来选择不同的会计处理方法。[19]

1959 年 9 月 1 日，在工作组的努力下，会计原则委员会（Accounting Principles Board，APB）及其下属的会计研究部（Accounting Research Division，ARD）宣告成立，以期加强会计基础理论研究，并在此基础上发布统一的会计规则。

然而结果并不尽如人意。与会计程序委员会的情况相似，会计原则委员会也存在人员冗余的问题，兼职委员多达 21 位且每年更换一次。该委员会的工作没有获得美国证监会的认可，还被指责过度倾向于为私人利益服务。

最重要的是，会计原则委员会在发布第一份意见书时就遭遇了巨大阻力。肯尼迪政府时期，美国国会通过《1962 年税收法案》（Revenue Act of 1962），推出了投资税收抵免政策（ITC），以刺激企业投资，促进经济发展。该项政策的主要内容是，凡购置符合条件的不动产、厂场和设备的企业，均可在投资当期按照资产的购置价格抵减应缴纳的所得税税款。显然，直接扣减应纳税额的优惠力度远远大于针对应纳税所得额的优惠力度。

投资税收抵免政策是一项制度创新，其会计处理没有现成经验可资借鉴。会计界提出了两种备选方案，即递延法和当期确认法。递延法将投资税收抵免收益冲减资产成本，并在资产的使用年限内摊销。当期确认法则将投资税收抵免收益直接用于冲减当期所得税费用，即在资产购置当期全额确认税收优惠。这两种方法不影响企业的现金流，但在当期确认法下，资产购置年份的会计利润相对要高一些。

如表 6－1 所示，假设某企业用 50 000 美元购买了一台符合投资税收抵免政策的设备，设备的使用年限为 5 年，投资税收抵免率为 7%。

表 6-1　投资税收抵免的会计处理方法

	1963 年	1964 年	1965 年	1966 年	1967 年	合计
递延法						
税前利润	$ 100 000	$ 100 000	$ 100 000	$ 100 000	$ 100 000	$ 500 000
所得税（税率为 35%）	(35 000)	(35 000)	(35 000)	(35 000)	(35 000)	(175 000)
扣除所得税以后的利润	65 000	65 000	65 000	65 000	65 000	325 000
递延税款贷项的摊销额	700	700	700	700	700	3 500
净利润	**$ 65 700**	$ 65 700	$ 65 700	$ 65 700	$ 65 700	**$ 328 500**
当期确认法						
税前利润	$ 100 000	$ 100 000	$ 100 000	$ 100 000	$ 100 000	$ 500 000
所得税（税率为 35%）	(35 000)	(35 000)	(35 000)	(35 000)	(35 000)	(175 000)
扣除所得税以后的利润	65 000	65 000	65 000	65 000	65 000	325 000
全额确认税收抵免收益	3 500	0	0	0	0	3 500
净利润	**$ 68 500**	$ 65 000	$ 65 000	$ 65 000	$ 65 000	**$ 328 500**
当期应交所得税	$ (35 000)	$ (35 000)	$ (35 000)	$ (35 000)	$ (35 000)	$ (175 000)
当期应交所得税的抵免额	3 500	—	—	—	—	3 500
当期实际缴纳的所得税	$ (31 500)	$ (35 000)	$ (35 000)	$ (35 000)	$ (35 000)	$ (171 500)

由表可知，不同的会计处理方法不影响净利润的合计额、纳税支出及现金流量。此外，采用当期确认法能够提高资产购置年份的净利润。

1962 年 12 月，会计原则委员会发布第 2 号意见书，要求企业采用递延法并禁止采用当期确认法。该委员会给出的理由是，企业利润源于对资产的持续使用而非资产的买卖。企业若先购买符合抵免条件的资产随后又将其售出，则无法享受投资税收抵免优惠。换言之，企业是否能够享受纳税优惠取决于是否持续使用该资产。因此，递延法更符合收入费用的配比原则。

第 2 号意见书的发布充分反映了会计原则委员会追求会计规则一致性的决心及其对新生事物的快速反应能力，这与其后继者——财务会计准则委员会（Financial Accounting Standards Board，FASB）形成了鲜明对比。但从政治的角度来说，会计原则委员会显然未能充分考虑社会公众的意见。

1973 年，特鲁布拉德报告（Trueblood Report，该报告是在极短的时间内讨论完成的）对外公布。几天后，哈佛商学院教授大卫·霍金斯（David Hawkins）在发表“财务报表的目标”演讲时宣称，会计准则应当与国家的经济发展目标及政府的方针政策保持一致。[20]

禁止采用当期确认法的规定虽然能够避免资产购置年份的利润“畸高”，但却削弱了投资税收抵免政策对经济发展的刺激力度。会计原则委员会的立场与国家经济发展的目标是相悖的，可见，它没有意识到自己有责任去帮助联邦政府实现宏观经济发展目标。

根据大卫·霍金斯的观点，会计准则从来都不是中立的，任何一项准则都有可能对报表编制者和报表使用者的行为产生重要影响。如果会计准则制定机构的思路总是与国家政策相悖，那么政府也就只好重新接管会计准则的制定权了。

会计界发起了抵制第 2 号意见书的行动。在“八大”会计师事务所中，有三家事务所允许审计客户不执行第 2 号意见书（分别是普华、哈斯金斯·塞尔斯和安永）。[21] 1963 年 1 月，美国证监会发布第 96 号会计系列公告，规定企业可自行选择递延法或当期确认法来核算投资税收抵免。美国证监会此举意在削弱会计原则委员会的权力，这对于刚成立不久的会计原则委员会来说是不公平的，因为设立委员会的初衷是实现会计准则的一致性，但当出现争议时，美国证监会却公开支持会计处理的多样性。

1964年3月，会计原则委员会迫于压力发布了第4号意见书，允许企业自由选择递延法或当期确认法，并坦言，该委员会的权力源于社会公众对意见书的认可和支持。在20位委员中，有5位委员反对该意见书。

会计原则委员会委员、美国证监会首席会计师卡曼·布劳公开表示支持第2号意见书，并对会计原则委员会提出质疑。他指出，委员会若因为部分群体一时的反对就妥协退让，那还何谈坚守原则、实现自身使命？安达信会计师事务所合伙人斯帕切克认为，第4号意见书的发布标志着会计界试图统一会计规则、增强会计信息可比性的尝试彻底宣告失败。

所得税会计的政治属性决定了其会计处理规定的频繁变更。1966年，美国国会宣布暂停投资税收抵免政策，后又在1967年恢复执行。1969年，美国国会再次废除该项政策，后又在1971年恢复。1971年，会计原则委员会预期该政策将恢复生效，便再次尝试取消当期确认法。但参议院的一个委员会在《1971年收入法案》(Revenue Act of 1971)的立法过程中指出：

> 在编制面向股东和债权人的财务报告时，投资税收抵免的会计处理会影响净利润，进而影响经济的复苏和发展。因此，参议院和众议院都希望尽可能地增强投资税收抵免政策对经济发展的刺激作用。[22]

为此，美国国会利用立法权，以法律形式规定“纳税企业在编制提交给联邦监管机构的财务报表时，其投资税收抵免的会计方法核算可以不受现行规定的拘束”。[23]因此，在《1986年税收改革法案》(Tax Reform Act of 1986)取消投资税收抵免政策以前，企业普遍采用的是当期确认法。

会计原则委员会下属的会计研究部同样面临许多问题。会计研究部建立了一个脱离实际的会计理论框架，对历史成本会计原则和配比原则发起了挑战，但该理论框架并没有引起会计原则委员会和实务界的关注。此外，它还发布了关于通货膨胀会计、盯市会计、披露持有利得、无形资产确认等问题的研究报告，但均未获得实务界的支持。

部分学者认为，会计原则委员会尽管存在很多不足，但依然取得了一些成绩。例如，第 3 号、第 19 号意见书使得公众公司普遍接受了资金流量表，第 9 号、第 13 号、第 28 号、第 30 号意见书改进了利润表的列报格式，区分了经营活动成果和偶然所得。[24]但这些成果主要与财务报表列报相关，而没有涉及更为重要的会计确认和计价问题。

到了 1970 年，美国注册会计师协会对会计原则委员会彻底失去了信心。会计原则委员会既未能制定出一套被广泛认可的理论框架，也未能给出收入、资产等重要概念的定义，既未能解决会计处理不一致的问题，也未能经受住“业界牛虻”的批评。纽约城市大学巴鲁学院（Baruch College）教授亚伯拉罕·布里洛夫（Abraham Briloff）指出，由于缺乏理论基础，现行财务报表的可理解性较差。还有评论认为，会计原则委员会缺乏建立并执行一套统一的会计准则的勇气。

1971 年 1 月，美国注册会计师协会成立了两个专门工作组。其中一个工作组由图什·罗斯会计师事务所（Touche Ross）合伙人罗伯特·特鲁布拉德（Robert Trueblood）领导，负责研究财务报表的目标（即特鲁布拉德委员会）。特鲁布拉德曾因在注册会计师考试中的优异表现而获得美国注册会计师协会 1941 年颁发的伊莱贾·瓦特·塞尔斯银质奖章（Elijah Watt Sells Silver Medal）。另一个工作组由美国证监会前委员弗朗西斯·惠特（Francis Wheat）领导，负责研究并建立会计理论框架（即惠特委员会）。

1971 年 10 月，由 9 位委员组成的特鲁布拉德委员会正式开始工作，但直到 1973 年 10 月才发布研究报告。该委员会共举办了 50 场访谈和35次会议，报告发布时，该委员会的发起者会计原则委员会已不再拥有会计规则的制定权。[25]

该研究报告的结论是，财务报表应当为投资者和债权人提供有助于预测企业未来现金流的数量、时间和不确定性的信息，此即“决策有用观”。同时该报告也承认，没有人知道投资者和债权人如何利用会计信息进行估值。

与特鲁布拉德委员会相比，惠特委员会的工作效率要高得多。惠特委员会1971年3月成立，1972年3月便发布研究报告，提议将会计准则的制定权由美国注册会计师协会转交给一个独立的组织。财务会计准则委员会就此宣告成立。财务会计准则委员会由7位全职委员组成，委员任期为5年。1973年12月，美国证监会发布第150号会计系列公告，正式确认了财务会计准则委员会的地位，作为对比，此前的会计原则委员会和会计程序委员会可都没有享受这样的礼遇。

财务会计准则委员会具有以下两个特征。第一，委员会成员无须拥有注册会计师资格。第二，委员会在制定准则过程中严格遵循了应循程序。应循程序的法理依据是《1946年联邦行政程序法案》(1946 Federal Administrative Procedures Act)，该法案规定了联邦机构在行政活动中应遵循的法定程序，旨在保证立法过程充分听取相关利益群体的意见。[26]

在着手研究某项议题前，财务会计准则委员会通常先设立一个专门工作组，组内成员对待研究的议题通常拥有较为深入的认识。然后，由该工作组发布讨论备忘录（Discussion Memorandum)，明确研究问题并提供备选的解决方案。随后，财务会计准则委员会举办听证会，公开征求意见，选定初步方案并发布征求意见稿（Exposure Draft)。相关利益群体可以针对征求意见稿提出意见和建议。若有必要，委员会可以举办多场次的听证会。

在广泛征求意见的基础上，财务会计准则委员会发布财务会计准则公告（Statement of Financial Accounting Standards)，出台新的会计规则或者宣布暂停、终止某个研究项目。会计准则的制定周期有时可持续多年，例如，合并报表等议题自财务会计准则委员会成立至今一直没有得到解决。这表明财务会计准则委员会发布的准则经过了充分的研究论证，且制定过程是对外公开的。

由表6-2可知，财务会计准则委员会借鉴了其前任的经验教训。

表6-2　　主要的财务会计准则制定机构

	会计程序委员会	会计原则委员会	财务会计准则委员会
时期	1939—1959年	1959—1973年	1973年至今
委员人数	18～21	18～21	7（有时6）
委员是否需具备注册会计师资格	是	是	否
委员是否为全职	否	否	是
主要成果	51份公报	31份意见书	至少150份准则*
准则制定过程	讨论不够充分	讨论较为充分	讨论非常充分
声明的效力	建议使用	推荐使用	规定使用

会计程序委员会和会计原则委员会常因缺乏理论指导而备受学术界和实务界诟病。基础理论的缺失导致准则制定机构依附于政治权力，制定的准则往往对有权势的人更为有利。一般认为，建立会计理论框架有助于实现会计准则的稳定性和一致性。

有鉴于此，财务会计准则委员会在成立之初就启动了一个长达20年、耗资数百万美元的财务会计概念框架项目。同时，财务会计准则委员会很早就意识到，委员会的权力来源于政府经济监管部门——美国证监会，美国证监会的权力则来源于美国国会，国会议员是为选民服务的，而不是为会计理论服务的。

以债务重组的会计处理为例。1973年第一次石油危机爆发后，美国经济严重衰退，金融机构的不良贷款率急速上升。纽约市政府是主要的债务人之一，主管金融工作的纽约市副市长是美国证监会前首席会计师桑迪·伯顿（Sandy Burton）。银行为了提高贷款回收率，通常会对

* 自1973年至2009年，财务会计准则委员会所颁布的“财务会计准则公告”（Statement of Financial Accounting Standards，SFAS或FAS）编号达168号之多。2009年6月，财务会计准则委员会在其发布的最后一份财务会计准则公告即第168号财务会计准则公告《〈FASB会计准则汇编〉与公认会计原则的层次》中宣布，此后它不再单独编发会计准则，而是会把所有现行有效的准则汇编起来，这样更便于查阅使用。——译者

发生财务困难的借款人作出让步。20 世纪 70 年代中期，债务重组的会计处理问题被财务会计准则委员会列为重点议题。

假设某银行发放一笔贷款，本金为 1 000 美元，借款利率为 10%，利息按年支付，并约定在 5 年内偿还。但债务人在收到款项后不久便遭遇财务危机，请求债权人延长还款期。如表 6－3 所示，为保证收回借款，贷款银行同意免除债务人 1 年的利息费用并将还款期延长至 6 年。

表 6－3　　债务重组降低了实际利息率和贷款价值

年份	初始条款				债务重组后的条款		
	应收金额	折现率	现值		应收金额	折现率	现值
1	$100	0.909 1	$91		$—	0.909 1	$—
2	100	0.826 4	83		—	0.826 4	—
3	100	0.751 3	75		100	0.751 3	75
4	100	0.683 0	68		100	0.683 0	68
5	1 100	0.620 9	683		100	0.620 9	62
6			—		$1 100	0.564 5	621
			$1 000	←→	$1 400		$826
初始贷款的内含报酬率(IRR)10.0%					重组后的贷款的内含报酬率(IRR)6.3%		

假设折现率为 10%且保持不变，债务重组导致贷款价值减少 174 美元（1 000－826）。银行若因此而确认贷款减值损失，则所有者权益的金额会相应减少，根据商业银行最低资本充足率的监管要求，费用的确认将损害银行的放贷能力。

1976 年 7 月，财务会计准则委员会依照应循程序举办了一场听证会，来自纽约的大银行家们参与了此次会议。花旗银行总裁沃尔特·里斯顿（Walter Wriston）率先发言，他坚持认为债务重组的会计处理严重影响了商业银行的会计利润，这样一来，商业银行在发放次级贷款时会更加严格，这就会导致负债率较高的借款人（包括市政府、房地产开发企业及其他企业等）很难获得贷款。[27]

财务会计准则委员会采纳了上述意见，于是，第 15 号财务会计准则公告《债权债务人对债务重组的会计处理》（Accounting by Debtors and Creditors for Troubled Debt Restructurings）虽然原则上要求债权人尽可能地反映交易的经济实质，但却并不强制要求债权人确认债务重组损失。

财务会计准则委员会最终决定，更改债务期限不属于债务重组。只要未折现的利息与本金之和不低于债务的账面价值（例如，表6-3中1 400美元的应收金额高于1 000美元的账面价值），则债权人就只需记录重组后的利息收入（实际利率为6.3%），而无须在利润表中确认债务重组损失。

某会计学经典教材的作者指出，从事后来看，允许银行递延确认债务重组损失的做法不尽合理，因为该规定为商业银行隐藏坏账提供了便利，并间接导致20世纪80年代更大规模的储贷危机，经济损失高达数十亿美元。[28]可见，不合理的会计规则可能会带来严重的不良后果。

会计准则制定程序的政治属性还体现在油气资源勘探的会计处理上。1973年石油危机爆发后，石油价格上涨了3倍，美国国内油气开采企业的效益普遍大幅提升。采取多元化经营战略的大型石油公司通常采用成果法进行会计核算，即把未发现探明储量的成本费用化并直接计入利润表。

小型的石油公司则采用完全成本法进行会计核算，即把所有的勘探成本一律予以资本化。在当时，美国国内每30个勘探井中大约只有1个有效油井。[29]盲目开采的投机者们认为，勘探未探明储量的油井的目的是为了搜寻有效油井，因此其勘探成本应当先予以资本化，然后逐期确认勘探费用，这样就可以实现利润平滑的目的。

如前所述，不同的会计政策并不影响企业的现金流，从长期来看，两种方法下的累计盈余是相等的。正如增加证券投资品种能够分散投资组合风险一样，特定会计期间钻井量较多的企业的盈余波动性也相对较小。[30]然而与大型石油公司相比，小型企业的钻井量往往比较少。

美国证监会要求会计准则制定机构尽可能地减少会计处理规则的多样性。有鉴于此，财务会计准则委员会1977年12月发布第19号财务会计准则公告《石油公司的财务会计和报告》（Financial Accounting and Reporting by Oil and Gas Producing Companies），规定油气公司统一采用成果法。

该准则引起了小型石油公司的强烈反对，它们表示，该规定将导致企业为维持会计利润的稳定而减少石油勘探。为此，它们积极游说美国国会及其他联邦机构，以期影响政策制定者的决策。美国能源部一位官员指出，小型石油公司会为了避免盈余波动而减少油气资源的勘探。美国司法部也表示担心第 19 号财务会计准则公告会降低石油天然气行业的市场竞争程度，因而要求美国证监会推迟执行成果法。[31]迫于各方压力，美国证监会 1978 年 8 月发布第 253 号会计系列公告，允许石油公司采用完全成本法。

正如会计原则委员会不得不更改投资税收抵免的会计处理规则一样，财务会计准则委员会被迫于 1979 年 2 月发布第 25 号财务会计准则公告《暂停使用对石油公司的某些会计规定》(Suspension of Certain Accounting Requirements for Oil and Gas Producing Companies)，改为允许企业自由选择使用成果法或完全成本法。美国证监会曾尝试自行设计会计处理方法，即储量认可法，但因其会计处理过程过于复杂而未予采用。

由会计原则委员会和财务会计准则委员会的上述经历可知，在追求会计规则一致性时有一个基本前提，即不能违背社会公众（即选民）的意志。从政治角度来看，“选择不同的会计规则从长期来看没有显著差异”这一观点并不成立，不同的会计规则会带来截然不同的影响。

尽管在早期政治的力量凌驾于理论之上，但不可否认的是财务会计准则委员会存在的时间比会计程序委员会（约 20 年）和会计原则委员会（14 年）存续时间之和还要长。财务会计准则委员会善于揣摩美国证监会的意图，注重与上级监管部门的沟通，将与监管部门的沟通视为准则制定过程的重要环节。与之相比较，会计原则委员会公开反对美国证监会的意见，在美国证监会允许投资税收抵免的当期确认法的情况下依然禁止企业采用该方法。有观察员将财务会计准则委员会比喻为美国证监会的“隔热板”(heat shield)，即在勇于面对争议的同时能够虚心听取批评意见。[32]

近年来，会计准则的数量有增无减，会计教育的内容也不得不随之调整。浏览 1980 年以来出版的中级财务会计教材可知，绝大部分教材注重的是对具体规则的讲解而忽略了对会计基本原理的阐释。

一位教授不无惋惜地说，会计专业的学生只知道学习会计核算程序，而不深入思考相关理论问题，部分会计学教师甚至将准则制定机构发布的准则视为“天赐的礼物”，毕竟教学生背诵会计规则比分析规则的来龙去脉、讨论规则的利弊得失要容易得多。[33]作为对比，法学专业的学生往往敢于质疑现行的法律制度，他们只有在准备律师资格考试时才会执着于背诵法条。

注册会计师行业可能是导致准则条文日益繁多的因素之一，因为规则导向的会计准则不仅能够帮助外部审计师轻松应对管理层的质疑，遏制审计意见购买行为[34]，还有助于减轻审计师的法律责任。

尽管如此，公司管理层仍然拥有较大的职业判断空间，如折旧、养老金、递延所得税、保修费用及坏账准备等事项的核算，可见，会计记录离不开职业判断。

只要企业遵循了合理的会计原则，具体规则的细微差异可能并不重要。在法兰克福证券交易所创业板（Frankfurt Stock Exchange's New Market）上市的公司可自由选择采用国际会计准则（International Accounting Standards，IAS）或美国证券市场上的公认会计原则。有学者对比分析了 1999 年采用不同会计准则的公司在股票买卖差价（用于衡量买卖双方信息不对称的指标）和换手率（用于衡量股票流动性的指标）方面的差异。从理论上说，良好的信息披露能够缩小股票买卖价差，提高资本市场的流动性。

研究结果显示，没有证据表明美国证券市场上的公认会计原则优于国际会计准则，但两者均优于德国自己的会计准则。相较于采用德国准则的公司，采用美国证券市场上的公认会计原则或国际会计准则的公司，其股票买卖差价低了24%而换手率却高出30%。[35]这表明，诸如美国证券市场上的公认会计原则和国际会计准则等会计准则体系能够较好地满足外部投资者的信息需求。由此可见，问题的关键不在于会计准则本身，而在于报表编制者的行为。

【注释】

[1] Gullapalli，"Excise Taxes Muddy Comparisons."

[2] Briloff and Anthony，"By Whom and How Should."

[3] Baxter，"Accounting Standards."

[4] D'Arcy，"Insurance Price Deregulation."

[5] Committee on Accounting Procedure，paragraph 4.

[6] Hendriksen，p. 71.

[7] Moonitz，"Obtaining Agreement，" p. 15.

[8] Spacek，*Growth of Arthur Andersen*，p. 9.

[9] Ibid.，p. 43.

[10] Ibid.，p. 173.

[11] Ibid.，p. 238.

[12] Ibid.，pp. 60－62.

[13] Ibid.，p. 248.

[14] Previts and Merino，pp. 310—311.

[15] Zeff，"Work of the Special Committee."

[16] Flegm，p. 83.

[17] Zeff，"Special Committee."

[18] Ibid.

[19] Ibid.

[20] Hawkins，"Financial Accounting."

[21] *BusinessWeek*，"Matter of Principle，" p. 55.

[22] Senate Reporter，November 1，1971. 92—347，at 45.

[23] Flegm，p. 97.

[24] Moonitz，p. 23.

[25] Evans，*Accounting Theory*，p. 86.

[26] Ibid.，p. 102.

[27] Staubus, "Cherry Pickers' Friend."

[28] Kieso, Weygandt, and Warfield, pp. 747-748.

[29] Sunder, "Properties of Accounting Numbers."

[30] Ibid .

[31] Kieso, Weygandt, and Warfield, p. 567.

[32] Evans, p. 188.

[33] Baxter.

[34] Flegm, p. 57.

[35] Leuz, "IAS versus US GAAP."

第7章 会计学科的科学化进程

所有模型都是错的，但有些模型有那么点用。

——威斯康星大学教授乔治·博克斯（George E. P. Box）

面对财务会计领域越来越激烈的争论，学术界努力发出自己的声音，不断提出新的会计理论和方法，并竭力为解决实务问题提供理论框架。会计行业著名评论家亚伯拉罕·布里洛夫教授表示，会计准则的制定究竟应当由公共部门还是私人部门来主导，这一问题一直备受争议。令人痛惜的是，学术界始终被排除在会计准则的制定进程之外。[1]

20世纪以前，会计教育主要传授商业算术、英文表达和商务信函写作等内容。[2]1881年，费城的一位企业家出资在宾夕法尼亚大学设立了世界上第一所商学院——沃顿商学院（Wharton School）。当时，学校连一本管理学教材或案例研究资料都没有。

1883年，沃顿商学院开设了第一门大学会计课程，内容是以“会计理论与实务”为主题的系列讲座。[3]1900年，达特茅斯学院设立第一所工商管理研究生院——艾默斯·塔克工商管理和金融学院（Amos Tuck

School of Administration and Finance)，但成立之初未开设会计学课程。

1900年，威廉·M.科尔（William M. Cole）在哈佛大学经济系讲授会计学课程，对那些希望在毕业后进入企业工作的文科学生进行职业培训。1901年，该课程为0.5学分，后在1905年改为1学分。1908年，哈佛大学工商管理研究生院（Harvard Graduate School of Business Administration）成立，会计学与合同学、营销学共同构成三大必修课程。[4]

同年，查尔斯·W.哈斯金斯（Charles W. Haskins）与伊莱贾·W.塞尔斯（Elijah W. Sells）创立了纽约大学的商业、会计与金融学院（New York University's School of Commerce, Accounts, and Finance），哈斯金斯出任首任院长。该校设立了第一个会计学专业的教授职位。在这一过程中，美国注册会计师协会提供了巨大支持，它出资建立了早期的学者基金。

20世纪早期涌现出了一大批优秀的会计教材，包括蒙哥马利1905年编辑出版的劳伦斯·迪克西（Lawrence Dicksee）的《审计学》（*Auditing*）（美国版）、查尔斯·E.斯普拉格（Charles E. Sprague）的《账户的哲学》（*The Philosophy of Accounts*，1908）、威廉·M.科尔的《账户——它们的结构和解释》（*Accounts—Their Construction and Interpretation*，1908）、亨利·R.哈特菲尔德（Henry R. Hatfield）的《现代会计学》（*Modern Accounting*，1909）等。[5]

1908年，西北大学在芝加哥市中心以夜校的形式开办了商学院。次年，年轻的注册会计师亚瑟·安达信担任夜校的授课教师，并最终成为西北大学第一位享有终身教职的会计学教授，后来，他还以自己的名字创办了一家会计师事务所。截至1915年，共有约40所大学设立了商学院。[6]1939年，伊利诺伊大学授予了第一个会计学博士学位。

会计领域的早期知名教授有利特尔顿、威廉·佩顿等，在他们的努力下，美国中西部得以成为现代会计教育的发源地。在当时，培育银行家是常春藤院校的专属优势，而会计教育是"十大"（Big Ten）的专属优势。

利特尔顿出生于1886年，1905年从伊利诺伊州南部的布卢明顿中学毕业，随后在芝加哥阿尔顿铁路公司（Chicago and Alton Railroad）

工作。1907 年，他进入伊利诺伊大学学习，在接连获得学士、硕士和博士 3 个学位后被遴选留校任教，并一手创办了该校的会计学专业研究生项目。截止到 1952 年他退休时，伊利诺伊大学共授予了 225 个会计学硕士学位和 26 个会计学博士学位，其中利特尔顿指导了近 1/3 的硕士论文和 90%的博士论文。

威廉・佩顿出生于 1889 年，从小在密歇根州的农村长大，后于 1912 年考入密歇根大学。1914 年到 1958 年间，佩顿一直从事会计教育工作，一生著述颇丰。1915 年，一群参加美国经济学会年会的会计学者组织了专业讨论，对会计教育的合作和发展问题进行了深入探讨。次年，佩顿参与创建美国大学会计教师联合会（American Association of University Instructors in Accounting，AAUIA）。1935 年，该协会更名为美国会计学会（American Accounting Association，AAA），由佩顿担任该学会的首任杂志主编。1987 年，在美国注册会计师协会成立 100 周年的庆典上，佩顿被授予了“20 世纪杰出会计教育家”荣誉称号。

1923 年，芝加哥大学教授詹姆斯・O. 麦肯锡（James O. McKinsey）提出，美国会计学会应当从美国经济学会中分离出来，独立举办年会。20 世纪 20 年代，美国会计学会公开发声，反对企业记录资产的升值。

1936 年，就在美国证监会成立后不久，美国会计学会公布《会计原则的暂行公告》（A Tentative Statement of Accounting Principles），提出会计记录应当基于成本而非基于价值，资产负债表应当把投入资本和留存收益区分开来并分别予以列示。[7]这是美国的会计行业组织首次尝试建立一套统一的会计原则体系。

美国会计学会的竞争对手——美国注册会计师协会没有对这份暂行公告作出回应，该协会的会刊《会计杂志》甚至从未提及这份暂行公告。美国会计学会先后于 1941 年、1948 年、1957 年和 1966 年对这份暂行公告进行了修订。此外，美国会计学会会员出版了大量理论著作，内容包括通货膨胀会计、审计的哲学等，但这依然未能引起实务界和美国证监会的关注。加州大学伯克利分校教授莫里斯・穆尼兹（Maurice Moonitz）1974 年曾撰文坦承，美国会计学会的研究成果很难对实务界所主导的会计准则制定产生实质性影响。[8]

1939 年，在普华会计师事务所合伙人乔治·O. 梅的倡议下，美国注册会计师协会设立了会计程序委员会。与美国会计学会根据基本原理来解决具体会计问题的思路不同，会计程序委员会的做法是借鉴普通法的法律体系，基于具体问题直接发布相关公报。[9]

1940 年 1 月，佩顿和利特尔顿合著的《公司会计准则导论》（*An Introduction to Corporate Accounting Standards*）出版，这是美国会计学会唯一一本在实务界产生广泛影响的著作。该书更重视会计基础理论而非具体准则。该书提出，财务会计的目标是通过将企业付出的努力和获得的成果进行适当的配比，为报表使用者提供与企业盈利能力相关的真实可靠的信息，而且，外部审计师应当对财务报表的公允性负责。[10]

第二次世界大战以后，哈佛商学院（Harvard Business School，HBS）将会计和统计课程合并成了一门课程——控制学，以期帮助学员们理解会计数据和账户信息在企业经营管理决策中的作用及其局限性。[11]可见，当大多数的商学院强调服务于外部信息需求的财务会计时，哈佛商学院已经开始强调服务于企业内部的成本会计了。

1959 年，卡内基基金会发布的皮尔森报告和福特基金会发布的戈登豪威尔报告都尖锐地指出，当前的大学教育过于重视技能训练而忽视了思维方式的培养。商科教育应当效仿法学、医学等领域的做法，在本科阶段加倍重视人文素质的培养，增设文学和科学课程，而在研究生阶段则应加强技能培训。[12]

到了 20 世纪 60 年代，会计学领域早期的代表人物（如哈特菲尔德、斯普拉格、佩顿、利特尔顿、瓦特）逐渐“失宠”，他们关注的大多是会计基础理论问题，如商誉是否属于一项资产，资产计价应当基于成本还是基于价值，合并报表的编制基础应当是所有权理论还是实体理论等，他们的研究结论被有些学者认为缺乏实证数据的支持。[13]

1960 年，芝加哥大学建立证券价格研究中心（Center for Research in

Security Prices，CRSP)，主要研究普通股股票的投资回报问题。1964年，该研究中心建成世界上第一个可用计算机处理的股票价格数据库。凭借计算机强大的处理能力，经济学家们开始运用统计方法预测证券价格的波动。1970年，金融学教授尤金·法玛（Eugene Fama）提出有效市场假说（EMH），并用经验证据佐证了自己的观点。[14]他认为，逐利的投资者会对新发布的信息作出快速反应，并据此调整证券报价。调整后的股票价格比原有的股票价格包含有更多的信息。因此，股票价格综合反映了买卖双方对被投资企业未来经营状况的预期，是对股票价值的完美估计。但有些时候，股票价格也可能会偏离股票价值。在流动性较强的资本市场中，投资者很难通过证券交易本身而持续获得收益。

有效市场假说的推导采用了微积分、代数变换及半鞅模型等数学方法，这让很多普通读者望而却步。在1970年的时候，没有一个财务总监或审计合伙人有意愿或有能力读懂法玛的推导过程，但大多数人应该都能理解有效市场假说的基本结论，即逐利的投资者会对信息作出快速反应。有效市场假说是本书提到的三大金融学理论之一。

现在，学术界和投资界普遍认为，资本市场虽不是完全有效的，但却是部分有效的。一个不容忽视的事实是，在考虑交易成本以后，投资者很难持续打败市场。有学者开创性地研究了1945年至1964年间115只共同基金的投资回报，结果显示，基金经理无法预测证券价格，没有证据表明他们能够获得比偶然所得更高的收益。[15]到了1972年，会计和金融学者普遍认可了有效市场假说的合理性。[16]

1968年，雷·鲍尔（Ray Ball）和菲利普·布朗（Philip Brown）的论文《会计利润数据的实证研究》(An Empirical Evaluation of Accounting Income Numbers）在芝加哥大学主办的《会计研究杂志》上发表。该文探讨了根据不同的会计处理方法计算出来的净利润数据是否会对股票价格产生影响，并进一步指出，若净利润信息对投资决策是有用的，那么股票价格应当会对企业的盈余公告作出反应。

鲍尔和布朗采用统计回归方法分析了1946年至1966年间会计利润与股票价格的关系，其中利润数据来自标准普尔Compustat数据库，股票价格数据来自证券价格研究中心数据库（CRSP）。回归结果表明，当利润不符合预期时，会计利润与股票价格呈同向变动，即未预期盈余与股票回报正相关。由盈余公告发布后的股价走势可知，会计盈余具有信息含量。[17]

这篇文章的发表标志着会计学术研究的中心向北漂移了 120 英里，即从伊利诺伊大学所在地香槟市转移到了芝加哥大学所在地海德公园。伊利诺伊大学创立了第一个会计学博士项目，已培养 5 位美国会计学会会长，拥有利特尔顿、罗伯特·莫茨、诺顿·贝德福德（Norton Bedford）、亚瑟·怀特等知名会计学者。

芝加哥大学对传统的会计研究范式提出挑战，主张用统计方法检验会计理论。其代表人物包括威廉·比弗（William Beaver）、迈克尔·詹森（Michael Jensen）、夏恩·桑德（Shyam Sunder）、乔治·本斯顿（George Benston）等著名经济学家，他们关注会计信息与证券价格的关系，主张将会计学从规范研究转向实证研究。

威廉·比弗出生于利特尔顿的家乡布卢明顿附近的皮若亚，他拥有圣母大学（University of Notre Dame）的学士学位、芝加哥大学的工商管理硕士学位和博士学位。乔治·索特（George Sorter）是他攻读博士学位时的导师。

比弗曾尝试用一系列财务比率预测企业的经营失败，这项研究使他接触到了事项研究法。事项研究法用于探究证券价格对某些外部独立事件的反应，如并购公告、股票分割、股利增长及会计准则变更等，会计学者往往采用该方法考察会计数字的信息含量。[18]

比弗和他的合作者们发现，盈余波动和股票价格之间存在显著的相关关系。但股价波动通常发生于盈余公告发布之前，表明除盈余信息外，诸如员工罢工、商品价格波动、竞争对手的行为等其他信息也会影响股票价格。因此，如何将会计信息与其他信息的影响区分开来是一个十分棘手的问题。

芝加哥大学强调的是定量研究，其学术影响力逐渐超过了那些偏重定性分析的大学。与此同时，会计学博士论文越来越偏向数理分析，研究内容也越来越抽象。学者们采用各类分析工具和统计方法，充分利用会计数据和股票价格信息展开研究。一位教授打趣道，这就像一个人因为过于频繁地擦拭镜片而未能戴上眼镜，他忘了擦镜片的初衷是为了让自己看得更清楚点。[19]

曾经有位观察家拒绝参加芝加哥大学举办的1966年和1982年的会计学会议。早期的参会者包括美国注册会计师协会代表、会计人员和财务经理等实务界人士，但后来的与会人员基本都是学术界人士。[20]会计研究获得了学术界的认可，但却离实践越来越远，那些只学过1年的微积分和统计学导论的实务工作者很难读懂日益晦涩的学术论文。

在罗斯·瓦茨（Ross Watts）和杰罗尔德·齐默尔曼（Jerold Zimmerman）的带领下，部分芝加哥大学博士毕业生在罗切斯特大学创立了会计研究的实证学派。他们试图解释和预测企业的会计行为（如钢铁企业为什么在1968年将折旧方法从加速折旧法调整为直线法），为分析管理层的会计政策选择提供理论框架。

他们的研究结论是，企业的债务融资比率越高，管理层就越倾向于利用会计政策选择提高会计利润，原因可能在于高负债率的企业有更强烈的动机去避免违反债务契约中的约束性条款。但需要强调的是，相关关系并不等同于因果关系。

此外，他们还发现，若企业薪酬激励计划与会计利润挂钩，则管理层更倾向于利用会计政策选择增加会计利润；大型企业为了规避监管部门的监督审查，通常会选择能够降低会计利润的会计政策。与规范研究不同，实证学派并不关注企业会计行为的合理性和合法性。

根据有效市场假说及相关经验证据，财务会计准则不会影响证券价格，资本市场的运行不依赖于准则的执行情况。投资者在预测企业未来状况时会综合考虑各类会计信息及非会计信息，例如，关于后进先出法的实证研究表明，投资者能够识别不同的存货计价方法对会计利润的影响。如果资本市场存在对盈余信息的“功能锁定”，那么精明的分析师就可以通过分析会计政策和调整会计数据来赚取超额回报，但事实并非如此。

实务界和监管部门对学术界兴起的实证研究方法不以为然。许多人认为，学术界忙于“跑回归”而忽略了现实世界。1975 年，美国证监会首席会计师桑迪·伯顿在一次演讲中指出，一直以来，会计理论都是在实践中发展起来的，虽没有严格的计量模型但却易于理解，作为对比，经济学模型从未考虑过会计实践的需求。[21]

通用汽车公司财务副总监在 1983 年写道：“财务会计准则委员会和美国证监会逐渐接受了‘股票价格能够反映上市公司的信息’的观点。”[22]但这并没有对实务界产生实质影响。

同年，安达信会计师事务所首席技术会计合伙人、伊利诺伊大学前会计学教授亚瑟·怀特在加入财务会计准则委员会前写道：“实务界很少有人知道有效市场假说，能够真正理解这一理论的人更是屈指可数。”[23]

他指出，实务中普遍存在与有效市场假说相悖的现象，例如部分企业为增加报告盈余而放弃节税优惠，选择采用先进先出法进行存货计价（见本书第 3 章），有的企业为规避汇率变动所导致的账面利润波动而从事对冲交易（见本书第 9 章），有的企业为满足权益结合法的适用条件而精心安排并购事项（见本书第 10 章），有的企业为进行表外融资而不惜提高借款成本（见本书第 11 章）。这些现象表明，那些企业的管理层认为资本市场是无效的。由此可见，有效市场假说及相关研究成果的合理性并没有被实务界广泛认可。

理论上，有效市场能够遏制盈余管理行为，因为在一个有效的资本市场中，盈余操纵会对股票价格产生不利影响，并导致管理层被解雇。但现实中，管理层往往不认可有效市场假说[24]，认为“既然幼稚的投资者不懂得现金流优于应计盈余的道理，那么企业就应当利用会计手段向投资者们报告他们希望看到的盈余”。

会计程序委员会发布的会计研究公报和会计原则委员会发布的意见

书均属于对具体会计规则的“临时修复”，它们常常因缺乏统一的理论基础而饱受诟病。学术界则致力于建立一套逻辑自洽的会计基本原则。

财务会计基金会负责为财务会计准则委员会的活动提供资金支持，其中，财务会计概念框架研究项目是会计基础理论领域规模最大、耗资最多的项目。财务会计准则委员会历时 22 年共发布了 7 份财务会计概念公告（Statements of Financial Accounting Concept，SFAC），耗费了巨大的人力、物力和财力。*

在本书撰写期间，财务会计概念框架一直居于会计理论的统治地位，代表着会计准则制定机构在会计理论建设方面的最高水平。它不是一系列具体会计规则的汇编（事实证明那是行不通的），而是用于指导解决财务报告的具体问题的基础性原则。

本书将篇幅长达 200 多页的财务会计概念框架研究报告浓缩成如表 7-1 所示的表格。

表 7-1　财务会计概念公告汇总

序号	发布时间	公告名称	主要内容和基本观点
1	1978 年 11 月	《企业财务报告的目标》（Objectives of Financial Reporting by Business Enterprises）	财务报告的目标是为投资者提供有助于评估企业未来现金流的数量、时间和不确定性的信息。
2	1980 年 5 月	《会计信息的质量特征》（Qualitative Characteristics of Accounting Information）	会计信息的决策有用性包括相关性和可靠性这两个质量特征。
3	1980 年 12 月	《企业财务报表的要素》（Elements of Financial Statements of Business Enterprises）	被第 6 号概念公告替代。

* 2004 年，财务会计准则委员会与国际会计准则理事会启动概念框架趋同计划。2010 年 9 月，财务会计准则委员会发布第 8 号财务会计概念公告，该公告包括已经成型的未来最终成果的第 1 章和第 3 章。该计划的最终成果预计将取代此前的概念公告。——译者

续前表

序号	发布时间	公告名称	主要内容和基本观点
4	1980 年 12 月	《非营利组织的财务报告目标》(Objectives of Financial Reporting by Nonbusiness Organizations)	非营利组织的绩效评价较为复杂，且不存在可出售或可转让的产权利益。
5	1984 年 12 月	《企业财务报表的确认和计量》(Recognition and Measurement in Financial Statements of Business Enterprises)	会计确认的标准是可计量性、相关性和可靠性。会计计量基础包括历史成本、现行成本、市场价格、可收回金额和现值等。
6	1985 年 12 月	《财务报表项目》(Elements of Financial Statements)	明确定义了资产、负债、权益、综合收益、收入、费用、利得、损失、投入资本和股利分配等项目。
7	2000 年 2 月	《在会计计量中使用现金流量信息和现值》(Using Cash Flow Information and Present Value in Accounting Measurements)	为企业在会计计量中使用现金流量和现值提供指导框架。

第 1 号财务会计概念公告以特鲁布拉德报告为基础，明确提出财务报告的目标是为投资者提供有助于评估企业未来现金流的数额、时间和不确定性的信息。其中，第 50 段关于管理层受托责任的内容探讨了詹森和麦克林提出的代理问题，第 51 段关于盈利能力的讨论反映了格雷厄姆和多德的证券投资思想。

第 2 号财务会计概念公告提出了会计信息质量的判断标准，其中，首要的质量特征是相关性（即与信息使用者的决策相关）和可靠性（即可验证性）。大量事实表明，报表编制者更强调信息的相关性和会计规则的弹性，外部审计师则更关注信息的可验证性。由于投资者认为与通货膨胀相关的披露信息不具有相关性，因此财务会计准则委员会取消了通货膨胀会计规则（见本书第 8 章）。

第 5 号财务会计概念公告阐述了会计确认的概念，即何种信息应当在财务报表中确认以及何时确认等问题。该公告第 9 段指出，会计确认是指同时以文字和数字的形式在财务报表中确认某一项目，报表附注或其他形式的补充披露不属于会计确认。根据鲍尔、布朗和比弗等人的研究，资本市场能够正确处理各种形式的公开信息。显然，财务会计准则委员会并不认可他们的研究结论。[25]

第 6 号财务会计概念公告明确定义了十大财务报表要素，这是财务会计概念框架的核心。其中，综合收益的定义是最重要的内容之一。综合收益是指特定会计期间内与所有者无关的交易或事项引起的权益变动，如未实现利得和损失（包括外币报表折算差额、权益证券的未实现损益等）。

综合收益包括净利润与其他综合收益，通过这一项目，所有已实现和未实现的损益都将计入所有者权益，这使得财务报表的重心由利润表重新转回资产负债表。在铁路时代，资产负债表是“第一报表”，后来，随着股权投资活动的增加，利润表逐渐成为最重要的财务报表。

如今，新提出的财务会计概念框架再次确立了资产负债表的主导地位，这使得会计准则与会计恒等式之间的联系更为紧密（会计恒等式是指资产等于负债加股东权益的总和）。相较于利润表，准则制定机构和外部审计师都更倾向于资产负债表，因为确定特定日期的股权价值比计算特定期间的流量更容易。

后续章节将要提到的关于所得税、投资、外币业务、养老金等准则的探讨充分表明，会计准则制定机构已经把资产负债表置于中心地位。但报表使用者和财经媒体依然更关注利润表，至于他们是否会按照财务会计准则委员会的引导将重点转向资产负债表，时间将告诉我们答案。

基层会计人员每天都面对如何进行合理的确认、计量和列报的问题，而学术界则忙于探究会计数据对证券价格的影响。我认为，会计学研究的使命应当是告诉会计工作者怎么做才是对的。

【注释】

[1] Briloff, "By Whom and How Should."

[2] Hawkins, "Development of Modern Financial Reporting."

[3] Previts and Merino, p. 151.

[4] Copeland, *And Mark an Era*, p. 22.

[5] Zeff, American Accounting Association, pp. 4-5.

[6] Ibid., p. 5.

[7] Ibid., pp. 43-45.

[8] Moonitz, p, 12.

[9] Zeff, *American Accounting Association*, p. 49.

[10] Flegm, p. 40.

[11] Copeland, p. 158.

[12] Nelson, "What's New about Accounting Education Change."

[13] Sorter, "Beyond Emptiness and Blindness."

[14] Fama, "Efficient Capital Markets."

[15] Jensen, "Performance of Mutual Funds."

[16] Watts and Zimmerman, *Positive Accounting Theory*, p. 86.

[17] Ball and Brown, "Empirical Evaluation."

[18] Watts and Zimmerman, p. 57.

[19] Sorter.

[20] Watts, "Evolution of Economics—Based Empirical Research."

[21] Burton, "Fair Presentation."

[22] Flegm, p. 178.

[23] Wyatt, "Efficient Market Theory."

[24] Amershi and Sunder, "Failure of Stock Prices."

[25] Wolk, Dodd, and Tearney, *Accounting Theory*, p. 211.

第 8 章　通货膨胀会计

你袋中不可有一大一小两样的砝码，你应该装有准确公正的砝码……

——转引自梅德尼克（Mednick）

通货膨胀会计规则的演变历程充分展现了学术界和实务界的沟通和互动，反映了学术界将理论研究成果应用于解决实际问题的努力过程。

会计核算需要统一的计量单位。1792 年，美国国会通过《铸币法案》，将美元确定为货币单位，这是现代国家首次采用十进制货币系统。[1]然而，除独立战争时期发行的大陆币以外（“还不如一个大陆币”的俗语正来源于此），早期的联邦政府并没有发行其他货币。

作为替代，很多银行各自印制了纸质的即期票据，存款人可以凭该票据在发行银行自由兑换金银。到了 1860 年，美国社会流通的银行票据多达上千种，出票银行的资信水平参差不齐。由于缺乏统一的币值标准，财务数据的可靠性常常受到质疑。南北战争时期，联邦政府建立了国家特许银行，授权其以政府资产为担保发行即期票据。此时，以货币作为计量尺度的会计信息才变得有意义起来。

1913 年，现代意义上的所得税被写入联邦法律。同年，政府建立起了联邦储备体系，授权其履行中央银行的职能并保持币值稳定。然而，伴随着物价的波动，货币的购买力也在不断发生变化。

自 20 世纪 30 年代起，财务会计一直将购买资产所花费的金额作为资产的入账金额。历史成本会计的优点在于，会计人员和审计师可以随时核实真实的购置支出。作为对比，后续的资产重估则具有较大的不确定性，因为估值结果很可能是不可靠的。

通货膨胀降低了历史成本信息的有用性，例如，早期采用后进先出法的企业可能仍然在按照第二次世界大战时期的价格水平对存货进行计价。持续的物价上涨意味着货币购买力的下降，消费者需用更多数量的货币来购买相同的资产。此时，诸如土地等长期资产可以采用重置成本进行计价。

不同商品的价格涨跌不一，这使得通货膨胀的会计问题变得相当复杂。例如，部分电子产品的价格持续下降，而诸如砖瓦工或伐木工等劳动力的价格却不断上升。因此，我们无法通过一个简单的物价指数来调整所有资产的账面价值。此外，问题的复杂性还体现在，数量和价格的计量往往并不能反映质量的变化。例如，汽车的销售价格相较于 15 年前有所上升，但这种价格变化可能是由技术改进而非通货膨胀引起的。

最重要的是，通货膨胀可能会影响配比原则的适用性。收入反映的是销售商品时的价格（即现时价格），而费用则反映的是存货和设备的历史成本，将现时价格和历史成本相配比会导致账面利润虚高，因为这些利润可能仅仅是由通货膨胀带来的。

尽管会计利润很高，但企业需要花费更多的资金来重新购置存货和设备。此外，根据历史的销货成本和折旧数据计算出来的所得税显得严重虚高，这增加了企业的纳税负担，剥夺了股东的财富。如此计算出来的利润数据具有一定的误导性，可能会影响以会计盈余为基础的管理层薪酬激励机制的有效性，并可能会诱导企业过度发放股利，进而影响扩大再生产的顺利进行。

例如，假设某运输公司 1979 年斥资 100 000 美元购买了一辆卡车，该卡车的预计使用年限为 5 年。该公司采用历史成本进行初始计量并按照直线法计提折旧，因此年折旧额为 20 000 美元。此外，假设该公司的利润均来源于 5%的年通货膨胀率，卡车的重置价格每年上涨 15%。具体如表 8-1 所示。

表 8-1　　通货膨胀如何虚增利润、侵蚀资本　　单位：千美元

	1979 年	1980 年	1981 年	1982 年	1983 年
营业收入（年增长率为 5%）	$100.0	$105.0	$110.3	$115.8	$121.6
营业费用（年增长率为 5%）	(70.0)	(73.5)	(77.2)	(81.0)	(85.1)
折旧费用	(20.0)	(20.0)	(20.0)	(20.0)	(20.0)
税前利润	10.0	11.5	13.1	14.8	16.5
所得税费用（税率为 35%）	(3.5)	(4.0)	(4.6)	(5.2)	(5.8)
净利润	6.5	7.5	8.5	9.6	10.7
股利支出（股利支付率为 40%）	(2.6)	(3.0)	(3.4)	(3.8)	(4.3)
用于企业再投资的留存收益	$3.9	$4.5	$5.1	$5.8	$6.4
营业收入	$100.0	$105.0	$110.3	$115.8	$121.6
营业费用	(70.0)	(73.5)	(77.2)	(81.0)	(85.1)
根据重置价格调整后的折旧额（年增长率为 15%）	(20.0)	(23.0)	(26.5)	(30.4)	(35.0)
备考税前利润	10.0	8.5	6.6	4.4	1.5
所得税费用	(3.5)	(4.0)	(4.6)	(5.2)	(5.8)
备考净利润	6.5	4.5	2.0	(0.8)	(4.3)
股利支出	(2.6)	(3.0)	(3.4)	(3.8)	(4.3)
用于企业再投资的备考盈余	$3.9	$1.5	$(1.4)	$(4.6)	$(8.6)

如果仅考虑营业收入的增加而忽略重置成本上升所带来的折旧费用的增加，那么账面利润将呈现稳步增长的态势。然而事实上，不断上升的重置成本和过于慷慨的股利政策（股利支付率高达 40%）严重损害了公司再生产的能力。

若以重置成本作为计价基础，那么 1980 年和 1981 年的折旧费用应分别为 23 000 美元（20 000×1.15）、26 450 美元（23 000×1.15），其余年份以此类推。可见，历史成本会计在低估折旧费用的同时高估了营

业收入，容易导致以会计利润为基础的股利政策出现偏差，诱导企业过度分配。由表可知，自 1981 年起，超额的股利支付侵蚀了该企业的初始投入资本，严重损害了员工、供应商和债权人的利益。

早在 20 世纪初期，会计学者们就从理论上探讨了通货膨胀对财务报告的影响。威廉·佩顿曾于 20 年代撰文指出，作为会计计量单位的美元具有不稳定性和波动性。对会计程序委员会持批判立场的代表人物之一、安达信会计师事务所管理合伙人伦纳德·斯帕切克主张以重置成本为基础来计算确定资产的折旧费用。

1939 年的税法允许企业在财务报告和纳税申报中采用后进先出法，作为对比，企业财务报告准则没有规定与通货膨胀相关的会计处理。有观点认为，企业应当在通货膨胀时期为资产重置计提足额准备金。1947 年 12 月，会计程序委员会发布第 33 号会计研究公报《折旧和高成本》(Depreciation and High Costs)，以示对这一问题的关注。但考虑到折旧费用的调整缺乏客观标准，该委员会坚决反对重述固定资产的账面价值。

随后，会计界提出了两种通货膨胀会计模式——统一币值会计和现行成本会计。统一币值会计（又称一般物价水平会计）是指采用统一的货币购买力指标（如一般物价水平指数）调整会计报表项目的账面金额，常用的物价指数包括美国居民消费价格指数和国民生产总值平减指数。现行成本会计是指采用现行的重置成本计量某些资产项目，它是对特定资产的价格调整，以期反映物价上涨不均衡的经济现实。

自朝鲜战争结束后至越南战争爆发前，美国的通胀压力有所缓解。会计原则委员会下属的会计研究部公布的第 6 号会计研究报告《报告物价水平变动的财务影响》(Reporting the Financial Effects of Price-Level Changes) 主张按照一般物价水平的变动情况对财务报表进行重述，但没有引起广泛关注。

1969年6月，会计原则委员会发布第3号会计原则委员会公告《反映一般物价水平变动的财务报表重述》（Financial Statements Restated for General Price-Level Changes），建议企业采用美国商务部发布的国民生产总值平减指数季度数据对财务报表进行调整，并报告调整结果。其观点是，只有对财务报表各项目进行全面调整才能完整反映一般物价水平变动对企业的影响。但该公告没有强制要求企业进行报表重述，相较于正式的意见书，其效力相对较弱。

第3号会计原则委员会公告尽管获得了会计原则委员会18位委员的一致支持，但未能对美国公众公司的财务报告实践产生实质性影响，仅印第安纳电话公司（Indiana Telephone Corporation）等少数几家公众公司采纳了该公告的建议。[2]

1973年10月，阿拉伯国家和以色列的矛盾激化，斋月战争爆发。随后的阿拉伯石油禁运导致全球石油价格翻了四倍，引发了新一轮的通货膨胀。1974年，财务会计准则委员会公布讨论备忘录和征求意见稿《按一般购买力单位编制财务报告》（Financial Reporting in Units of General Purchasing Power），主张采用统一币值会计，即利用一般物价指数调整财务报表。

美国国会将财务会计准则的制定权授予美国证监会，美国证监会又以非正式的方式将其先后转交给了会计程序委员会和会计原则委员会。尽管如此，美国证监会依然有权自行制定并发布公众公司的财务报告准则，如投资税收抵免及油气勘探的会计处理等。20世纪70年代中期，时任美国证监会首席会计师约翰·伯顿就动用过这项权力。

伯顿是一个十分聪慧且富有进取心的人，在大学期间他曾效力于布鲁克林道奇队，担任统计员，他的父亲是一名注册会计师。伯顿曾先后在哈弗福德学院（Haverford College）——一所未开设会计专业的文科院校和哥伦比亚大学商学院就读，毕业后成为亚瑟·扬会计公司（Arthur Young & Company）的一名注册会计师。后来，他选择离开公共会计师行业，回到哥伦比亚大学攻读博士学位并留校任教。1972年，伯顿被任命为美国证监会首席会计师，任期5年，届满后在纽约市发生财务危机期间出任纽约市副市长，主管财政金融工作。20 世纪 80 年代，他重返哥伦比亚大学商学院并担任院长。

伯顿在一次长篇演讲中详细阐述了自己对审计报告中“公允列报”的理解[3]，其观点后来成为对这一概念的经典解释。此外，他还对通货膨胀会计表现出极大的兴趣，认为特定项目的重置成本信息更能满足报表使用者的需求。他还通过发表评论、演讲等形式进一步阐述自己的观点。

伯顿反对采用单一物价指数进行报表重述的做法，并将财务会计准则委员会提出的概念——购买力单位（purchasing power units）简称为 PuPU。[4]石油价格的畸形上涨印证了伯顿的观点。对于企业经营管理决策而言，具体项目的现行成本信息往往比笼统的一般物价水平指数更有用。

有鉴于此，1975 年 11 月，财务会计准则委员会决定推迟发布通货膨胀会计准则，并对通货膨胀问题重新进行研究。在接下来的 3 年里，该委员会详细分析了 1974 年征求意见稿发布以后，参与测试的 101 家企业的准则执行情况。

1976 年 3 月，美国证监会发布第 190 号会计系列公告《关于采纳 S-X 条例的修订案，要求披露特定重置成本数据的提示函》（Notice of Adoption of Amendments to Regulation S-X Requiring Disclosure of Certain Replacement Cost Data）。该公告要求存货和固定资产价值高于 1 亿美元的上市公司披露其资产、负债等项目的重置成本信息，并在年度 10-K 表中调整销货成本和折旧费用。有批评意见指出，该项规定违背了会计处理的一致性和财务信息的可比性的要求。

1979 年 9 月，就在伊朗革命和伊朗人质危机引发的第二次石油危机爆发前夕，财务会计准则委员会公布第 33 号财务会计准则公告《财务报告与物价变动》（Financial Reporting and Changing Prices），要求企业补充披露存货和固定资产的现行成本，以及按照一般物价指数调整后的账面价值，以期满足投资者的信息需求。

由此可见，第 33 号财务会计准则公告充分尊重了美国证监会的意见。后来，美国证监会的态度有所缓和，第 190 号会计系列公告逐渐被废止。财务会计准则委员会表示，如果第 190 号会计系列公告没有被废止，委员会将根据该公告的内容对第 33 号财务会计准则公告做进一步的修订。[5]

财务会计准则委员会将第 33 号财务会计准则公告称为一项会计实验，并在正文中引入了落日（sunset clause）条款。委员会解释道：

> 财务报告的编制者和使用者至今仍未就统一币值会计和现行成本会计的有用性达成共识。如果不在实践中对这两类会计模式所产生的信息的有用性进行检验，争论似乎很难平息……本委员会已经解决了准则执行层面的问题。[6]

第 33 号财务会计准则公告的试行期为 5 年，若 5 年后报表使用者和报表编制者普遍认可相关会计信息的有用性，则表明该准则是行之有效的。然而具有讽刺意味的是，该准则仅适用于存货和固定资产超过 1.25 亿美元或总资产高于 10 亿美元的企业，换言之，证券监管部门和会计准则制定机构依然是按照资产的名义金额来设定通货膨胀会计准则的适用标准的。

根据该准则的要求，统一币值指数（constant dollar index）的计算依据是美国劳工统计局（Bureau of Labor Statistics）发布的居民消费价格指数月度数据，而非美国商务部发布的国民生产总值平减指数季度数据。此外，企业无须披露完整的根据统一币值指数调整后的资产负债表和利润表。财务会计准则委员会表示，报表编制者和外部审计师都支持引入统一币值会计，这进一步证明了该会计模式的合理性。但我认为，注册会计师行业可能是出于减少职业判断、降低诉讼风险的考虑而选择了统一币值会计。

就在第 33 号财务会计准则公告发布后数周，曾于 1969 年担任会计原则委员会委员的芝加哥大学教授西德尼·戴维森（Sidney Davidson）表示，在受该准则影响的 1 300 家企业中，预计将会有一大批企业的股利分配金额超过其营业利润。通货膨胀会计准则的发布标志着财务会计实现了重大突破。[7]

但事实并非如此。数据显示，第 190 号会计系列公告和第 33 号财务会计准则公告实施后，股票市场对企业披露的通货膨胀信息几乎毫无反应，按照学术界的说法，这表明依据统一币值指数调整后的会计数据不具有价值相关性。1984 年 11 月，财务会计准则委员会发布第 82 号财务会计准则公告，不再要求企业披露一般物价水平的变动情况。

我的工作经历进一步支持了上述结论。1985 年初，我负责审计国际纸业公司（International Paper Company）1984 年的年度财务报告。在审核与通货膨胀会计相关的财务数据时，我花费了大量时间和精力，并进行了一系列的计算和调整。但审计客户告诉我，这些数据对于企业的经营管理和投资决策毫无价值。

1985 年 11 月，《福布斯》杂志刊文指出："经过 5 年的试验期，大部分美国企业已将通货膨胀会计列为第 57 项亟待解决的问题，其紧迫程度仅次于'加拿大鹅的入侵'。"[8] 该文还引用了杜邦公司一位高管的观点，即当企业能够确定尼龙生产车间的重置成本时，按照一般物价指数调整的会计信息便失去了决策有用性，因为此时企业通常会进行设备升级。

FMC 公司（原食品机械公司（Food Machinery Corporation））是通货膨胀会计的支持者之一。这是一家多元化经营的制造类企业，拥有十分复杂而独特的财务报告制度，它主张采用按照一般物价指数调整的会计信息来进行内部报告和经营决策。出于对其财务报告制度的好奇，我在商学院读书时曾经参加过该公司财务岗位的面试。

得益于财务杠杆的合理使用，FMC 公司的股价飞涨，但其经营业绩并没有体现相应的增长。可见，复杂的财务报告系统并不是创造财富的充分条件。

1986 年 12 月，财务会计准则委员会改变原有立场，发布第 89 号财务会计准则公告。该准则鼓励而非强制要求企业披露现行成本信息，并为相关信息披露提供了指引。

财务会计准则委员会 7 位委员中有 3 位委员反对第 89 号财务会计准则公告。大卫·莫索（David Mosso）表示："一般物价变动与特定物价变动相互关联，如何对两者的经济影响进行会计处理是委员会在 20 世纪面临的最具挑战性的问题。"[9] 通胀情况尽管在 20 世纪 80 年代后期有所缓解，但从复利的角度看，其影响依然十分巨大。

根据 2004 年版的《会计趋势与技术》，被调查的 600 家上市公司均未采用现行成本会计。[10]21 世纪初，通货膨胀会计问题逐渐淡出了人们的视线。

图 8-1 展示了 1914 年以来，根据各年居民消费价格指数变动情况绘制的时间序列图。由图可知，通胀水平分别在世界大战结束和朝鲜战争期间达到顶峰。在朝鲜战争结束后至 20 世纪 70 年代以前，物价水平保持相对稳定，在此期间，实务界没有对会计研究部以及伦纳德·斯帕切克等学者的观点给予重视。可见，通货膨胀会计的发展依赖于经济环境的刺激。

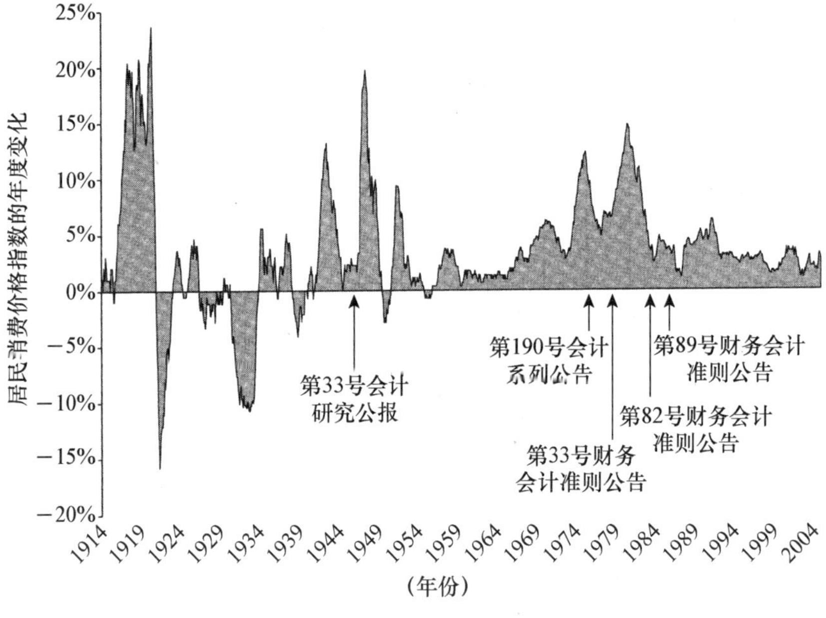

图 8-1　物价变动与通货膨胀会计

资料来源：Computed from Bureau of Labor Statistics' Consumer Price Index，All Urban Consumers.

支持通货膨胀会计的规则往往发布于物价持续上涨时期，典型的如第二次世界大战后发布的第 33 号财务会计准则公告和第一次石油危机之后发布的第 190 号会计系列公告，而取消通货膨胀会计的第 89 号财务会计准则公告发布于物价稳定时期。查阅相关文献可知，在 20 世纪 90 年代，通胀压力有所缓解，与之相应，实务界对通货膨胀会计问题的争论也暂时平息。

从表面看，通货膨胀会计规则的制定是失败的，因为报表使用者并不认可相关会计信息的有用性。此外，采用后进先出法会导致资产负债表中列示的存货成本越来越脱离现实。

然而从实质上看，通货膨胀会计的发展历程表明，学术界完全有能力帮助会计准则制定机构解决财务会计领域的疑难问题，学术研究成果完全可以用于评价会计准则的利弊得失。此外，有评论指出，第 33 号财务会计准则公告促使美国国会通过了《1981 年经济复苏税收法案》(1981 Economic Recovery Tax Act)[11]，该法案允许企业在纳税申报时采用加速折旧法确认纳税扣除数，这对于企业而言无疑是一大政策利好。

【注释】

[1] Author's correspondence with Mark Sniderman, director of research, Federal Reserve Bank of Cleveland.

[2] Mednick, "Accounting and Financial Reporting."

[3] Burton, "Fair Presentation."

[4] Mednick.

[5] Watts and Zimmerman, p. 174.

[6] FASB, Statement 33, paragraphs 12 and 14.

[7] Davidson, "Inflation That Won't Go Away."

[8] St. Goar, "Experiment Abandoned."

[9] FASB, Statement 89, paragraph 4.

[10] *Accounting Trends & Techniques*, p. 147.

[11] Flegm, p. 200.

第9章　盈余波动

资本市场也许是有效的，但投资者依然厌恶两样事物——盈余波动和盈余意外。

——杰罗姆·约克（Jerome York），克莱斯勒和IBM前首席执行官，《财富》杂志，1997年11月24日

公司金融史上第二大具有里程碑意义的理论创新是资本资产定价模型（CAPM）。但企业界对这一理论创新似乎并不买账，企业管理层对会计盈余的波动依然十分抵触。

1960年，26岁的加州大学洛杉矶分校（UCLA）经济学博士研究生威廉·夏普（William Sharpe）正在努力寻找博士论文的选题，他在兰德公司（RAND Corporation）工作期间结识了经济学家哈里·马科维茨（Harry Markowitz）。[1]

马科维茨最著名的论文是1952年发表的《投资组合选择》（Portfolio Selection），该文主要研究证券投资组合的风险和回报的关系，其基本结论是分散投资能够降低投资风险。与夏普结识之时，马科维茨正在研究

多个单项资产的回报率之间的相关关系对投资组合整体风险的影响。

通过与马科维茨的讨论，夏普确定了博士论文的研究方向，即投资组合的资产定价和必要报酬率。必要报酬率，又称权益资本成本，是指某项特定投资中的权益资本的预期收益率。[2]它是一种不能直接观测到的事前的期望收益率，容易受投资者个人偏好等因素的影响。

1962 年，夏普在芝加哥大学报告了自己的研究成果。由于表现出色，一家单位向他抛出了橄榄枝，但他最终拒绝了那个工作机会。后来，夏普将他的研究成果投给了金融学领域的权威期刊《金融学杂志》（*Journal of Finance*），但遭到退稿。为此，他邀请了一名审稿人重新评审该论文，就这样这篇题为《资本资产定价：风险条件下的市场均衡理论》（Capital Asset Prices：A Theory of Market Equilibrium under Conditions of Risk）的论文最终得以在 1964 年 9 月发表。芝加哥大学教授尤金·法玛将这项理论成果命名为资本资产定价模型（Capital Asset Pricing Model，CAPM）。凭借对现代金融学的基础性贡献，夏普、马科维茨和默顿·米勒（Merton Miller）共同获得了 1990 年的诺贝尔经济学奖。如今，几乎所有的金融学教材都会讲授资本资产定价模型。

夏普认为，证券投资的风险包括能够通过分散投资消除的非系统性风险和无法通过分散投资消除的系统性风险。投资者所要求的风险补偿主要是针对宏观经济波动带来的系统性风险而言的，而非公司层面的特有风险，因为后者能够通过分散化的投资组合来降低。

例如，一场突如其来的飓风导致迈阿密的房屋被严重损毁，当地的保险公司因此遭受了巨大损失。此时，资本市场所要求的必要报酬率并不会显著提高，因为飓风对房屋的破坏导致木材需求量急剧上升，投资者可以通过购买伐木公司的股票来分散风险。可见，飓风不会影响证券投资组合的总体回报率。

但分散投资无法消除系统性风险，投资者所要求补偿的，是股票市场或债券市场波动带来的整体风险。对于高负债、重资产或周期性的企业，其系统性风险相对较高，相应的资本成本也更高。对于金矿企业，由于黄金价格一般不随经济环境的变化而波动，因而其资本成本普遍较低。

根据资本资产定价模型的结论，投资者可以通过分散投资来消除公司层面的特有风险。因此，极端天气、法律诉讼或流动性风险等带来的盈余波动并不一定会影响公司的权益资本成本和股票价格。例如，再保险公司承担了分出公司难以承受的保险业务风险，其盈余波动往往较大，但这并不会显著增加其股权融资的难度。

盈余波动对权益资本成本的影响机制尚不明确。学者们曾经试图在控制其他因素不变的情况下探究利润波动对权益资本成本的影响。大量实证分析结果表明，资本市场能够“看透”会计利润。[3]但也有部分证据显示，即使是在经济上行时期，投资者也依然会对那些有可能引发利润波动的事件作出消极反应，这印证了本章开篇引述的杰罗姆·约克的观点。

财务会计的目标是帮助外部投资者评估企业未来现金流量的金额、时间和风险。20 世纪 30 年代以来，会计准则制定者和会计报表编制者在是否应当报告利润波动这一问题上存有分歧。企业管理层认为，利润波动会影响投资者对企业盈利能力的判断，稳定的、可预测的会计利润能够提升公司股价。会计准则制定者则认为，企业应当如实报告其经营情况，并应当提醒外部投资者注意公司盈余的不利变动。二者之间的分歧集中体现在以下三种情况中：（1）外币折算会计；（2）养老金会计；（3）金融工具会计。以下将对这三种情况展开论述。

首先是外币折算会计。货币是国与国之间进行商品贸易的媒介。美元对其他货币的汇率受货币市场供求关系的影响，而供求关系又受一系列政治经济因素的影响。

假设某美国企业向英国企业购买商品或劳务，那么该美国企业通常会先将美元兑换成英镑，兑换比率即为汇率。反之，若美国企业向英国企业销售商品或劳务并以英镑结算，那么该美国企业会在交易完成后将英镑兑换成美元，这一过程称为结汇。

交易日和结汇日通常不是同一天，汇率也不同。企业一般通过境外机构的股利分配或处置清算才能完成结汇。由此产生的问题是，截至资产负债表日，很多交易尚未完成（例如交易仍在进行且现金还未汇回母国），但期间报告的要求导致企业不得不利用交易期间的汇率核算未完成的交易，并将结果列示在资产负债表中。

外币折算的原理是视同在交易发生之初便已以本币记录相关业务。企业在进行外币折算时有三种汇率可供选择，即交易发生时的历史汇率、资产负债表日的即期汇率以及业务发生期间的平均汇率。为了实现报表上的平衡，外币折算的影响额通常计入期间费用或者所有者权益。

例如，假设某美国企业在英国设立了一家子公司，子公司成立当日英镑对美元的即期汇率为1英镑＝1.5美元，资产负债表日的汇率上升至1英镑＝2美元。期末，企业将以英镑编制的财务报表调整为以美元编制的财务报表，表9-1展示了外币报表折算的过程。

由表9-1可知，货币性资产和货币性负债采用资产负债表日的即期汇率折算，非货币性项目采用初始计量日的历史汇率折算，除折旧外的利润表项目采用年度平均汇率折算。由于同时采用了三种不同的汇率，因此资产负债表无法实现平衡。

例如，公司为建造生产车间借入了10万英镑的债务，当时英镑对美元的汇率为1英镑＝1.8美元。若以美元记账，则该公司应确认18万美元的负债和固定资产。当汇率上升至1英镑＝2美元，负债的价值增加至20万美元，但由于非货币性资产要采用历史汇率折算，所以固定资产的账面价值（不考虑折旧）仍然为18万美元，由此产生了2万美元的差额。

为反映折算汇率不同所导致的差额，公司总共确认了1.77万美元的外币报表折算差额。该调整项目仅仅是为了保证报表上的借贷平衡，并不影响公司现金流。外币折算的关键在于汇率的选择（历史汇率、年度平均汇率、即期汇率）和折算差额的调整。

1944年布雷顿森林协定（Bretton Woods Agreement）建立了固定

汇率制度，有效地控制了汇率波动，导致外币折算会计的发展陷入停滞。1939 年，会计程序委员会发布第 4 号会计研究公报，为折算汇率的确定提供指引。1965 年，会计原则委员会发布第 6 号意见书，要求采用现时汇率调整长期应收款和负债的金额。但整体来看，外币折算会计并没有取得实质性进展。

表 9-1　　外币报表折算差额保证财务报表借贷平衡

	外币金额	折算基础	折算汇率	记账本位币金额
利润表				
收入	£200 000	平均汇率	1.90	$380 000
销货成本	(130 000)	历史汇率	1.85	(240 500)
管理费用	(42 000)	平均汇率	1.90	(79 800)
利息费用	(8 000)	平均汇率	1.90	(15 200)
利润总额	20 000			44 500
所得税	(7 000)	平均汇率	1.90	(13 300)
净利润	£13 000			$31 200
资产负债表				
现金	£5 000	即期汇率	2.00	$10 000
应收账款	25 000	即期汇率	2.00	50 000
存货	40 000	历史汇率	1.90	76 000
厂场和设备	100 000	历史汇率	1.80	180 000
资产合计	£170 000			$316 000
应付账款	£22 000	即期汇率	2.00	44 000
长期负债	100 000	即期汇率	2.00	200 000
负债合计	122 000			244 000
普通股和投入资本	15 000	历史汇率	1.50	22 500
留存收益期初余额	20 000	历史汇率	1.80	36 000
本期净利润	13 000			31 200
留存收益期末余额	33 000			67 200
外币报表折算差额	—			**(17 700)**
股东权益	48 000			72 000
负债和股东权益合计	£170 000			$316 000

注：平均汇率是指业务发生期间的平均汇率，历史汇率是指交易发生日的即期汇率，即期汇率是指资产负债表日的即期汇率。

1971 年 8 月 15 日，形势突然发生变化，时任美国总统理查德·尼克松（Richard Nixon）宣布对物价和工资实施管制，并且禁止外国的中央银行用美元兑换黄金，布雷顿森林体系就此瓦解。在之后的两年内，美元对其他货币的汇率通过市场来调节，世界进入浮动汇率时代。

会计原则委员会在其存续的最后几年里意识到了汇率波动的重要性，但没有出台相关的会计准则。1973 年 12 月，成立不久的财务会计准则委员会发布第 1 号财务会计准则公告，重申汇率变动的重要影响，要求企业披露外币折算政策（即表 9－1 中“折算基础”一栏）和外币折算差额的列报形式（计入费用还是计入所有者权益）。

1975 年 10 月，财务会计准则委员会发布第 8 号财务会计准则公告，要求企业将外币折算差额作为汇兑损益计入利润表。该准则遭到了报表编制者的强烈反对，马尔科姆·福布斯（Malcolm Forbes）曾专门撰文批判这一准则。[4]

按照该准则的要求，汇率波动将对企业的年度利润产生巨大影响，这不利于企业管理层对外报告稳定的会计盈余。在表 9－1 的例子中，尽管现金流未发生任何变化，但外币报表折算导致子公司的利润总额下降了 40％。

学术界认为，该准则唯一的作用在于促使跨国公司利用远期外汇协议来规避汇率波动的风险，以期减少外币折算对财务报表的影响[5]，从而确保利润的平稳增长。

1978 年 5 月，财务会计准则委员会就此前已公布的 12 份财务会计准则公告的质量向全社会征求意见，有 85％的意见要求修改第 8 号财务会计准则公告。[6]

1981 年 12 月，财务会计准则委员会发布第 52 号财务会计准则公告，要求独立经营的子公司采用现时汇率折算外币财务报表（意在减少与资产负债表有关的差额调整），并将折算差额单独作为所有者权益的一部分予以列示。可见，早期的财务会计准则委员会更关注资产负债表，并主张把尚未完成的交易的影响计入综合收益。

第 52 号财务会计准则公告发布后，企业的会计利润不再受汇率波动的影响。相较于盈余波动，企业管理层对所有者权益变动的关注较少，因此该准则在一定程度上安抚了他们的情绪。有关外币折算会计的争论逐渐平息。

其次是养老金会计，主要涉及企业养老金债务利息率和养老金资产收益率对养老金费用的影响。第二次世界大战结束后，既定受益计划养老金开始出现。在既定受益计划中，员工的退休福利与其供职期间的工资水平和服务年限挂钩。企业必须在合理估算员工任期、工资水平、预期寿命及投资回报等因素的基础上，对养老金债务的年度成本进行测算。与既定受益计划的会计处理相比，折旧简直就是“小巫见大巫”。

养老金债务的测算通常涉及较长的期间，且其金额对折现率和预期收益率的变动十分敏感，因此养老金会计难度极大。经济预测的任何微小变化都可能会导致养老金费用出现大幅波动。

养老金费用由以下三部分组成：

养老金费用＝服务成本＋利息成本－养老金资产的收益

服务成本是指企业因取得员工服务而增加的养老金债务。利息成本是指因货币时间价值而增加的养老金债务，确认年度利息成本意味着未来养老金债务的支付期限缩短了 12 个月。养老金资产的收益是指用于支付未来职工退休福利的投资资产的实际收益和增值收益。

1948 年 11 月，会计程序委员会发布首份养老金会计准则——第 36 号会计研究公报，要求企业将以前期间的服务成本（如设立一项养老金计划并规定计划生效前员工应达到的服务年数）在员工的剩余服务年限内分摊。其理由在于，养老金计划的设立会使企业在未来期间获益，如有助于提高员工的工作积极性，辞退那些整天无所事事的员工，吸引并留住优秀的人才，等等。

很多企业选择定期向信托基金缴存一定的资金，委托其负责养老金资产的投资业务并在未来期间向雇员支付福利。会计上将企业在特定期间内向信托基金缴存的金额确认为养老金费用。

1956 年 9 月，会计程序委员会发布第 47 号会计研究公报，鼓励企业在资产负债表中确认未提存的既得福利（即雇员已获取的福利）所对应的养老金债务，并确认相应的养老金费用。但这一规定容易被企业用于调节财务业绩。例如，斯威夫特公司（Swift & Company）1957 年将养老金计划缴存额由上年度的 1 360 万美元缩减至 110 万美元，养老金费用的下调成为该企业当期利润的主要来源。但负责审计的亚瑟·扬会计公司依然为其出具了干净的审计意见。

1966 年 11 月，会计原则委员会的 20 位委员一致批准发布第 8 号意见书《养老金计划成本的会计处理》（Accounting for the Cost of Pension Plans），要求企业采用权责发生制核算养老金计划的成本，即将特定期间的养老金费用与对应的收入相配比。13 个月后，会计原则委员会发布的第 11 号意见书《所得税会计》标志着配比原则在财务会计准则中得到了充分运用。有评论指出，第 8 号意见书是一份较为成熟的准则，因为会计原则委员会在准则制定过程中进行了充分的研究论证，并尽可能地减少了会计处理的多样性。[7]

第 8 号意见书的发布是会计准则制定历史上的一个重要转折点。自 1939 年以来，以往的会计准则通常是较为宽泛的原则性的指引，而第 8 号意见书却详细规定了养老金费用的计算方法。请看该文件第 17b 段中有关养老金费用上限的规定：

> 各年度确认的养老金费用不得高于以下几项金额的总和：(1) 当期服务成本；(2) 前期服务成本的 10%（直到全额摊销为止）；(3) 因修正养老金计划导致的前期服务成本变动额的 10%（直到全额摊销为止）；(4) 根据准则第 42、43 段计算的养老金计提额和缴存额之间的差额所形成的利息费用（或利息收入）。

与其说第 8 号意见书是一项会计准则，倒不如说它更像是纳税申报指南。普华会计师事务所的卡尔·蒂特延（Carl Tietjen）表示，第 8 号意见书标志着财务会计进入规则导向的时代。[8]

在会计准则由原则导向转为规则导向的过程中，职业判断的重要性有所下降，美国证监会和注册会计师行业成为最大的受益者。具体而言，美国证监会能够免于政治偏袒的指控[9]，而注册会计师行业降低了诉讼风险，因为它们可以声称企业已遵循了会计准则。

为进一步减少会计处理的多样性，财务会计准则委员会 1982 年发布了一份征求意见稿，试图要求企业尽可能多地确认与养老金计划相关的负债。实证研究表明，投资者可能会把未提存的养老金义务视为企业的负债，未提存的金额越高，企业的信用评级就越低，其借款成本也就越高。因此，强制要求企业确认高额养老金负债（养老金负债的数额大约占总资产的 9%）的规定似乎并不能为投资者提供增量信息，反而会加大企业的融资难度。[10]

征求意见稿发布后，财务会计准则委员会共收到 500 多份反馈意见，先后举办两轮公开听证会。经过长达 5 年的讨论和审议，最终以 4∶3 的投票结果通过第 87 号财务会计准则公告《雇主对养老金的会计处理》(Employers' Accounting for Pensions) 并于 1985 年 12 月对外发布。该准则将养老金费用的精算估价方法由先前的 5 种缩减至 1 种，并扩大了养老金费用的核算范围。根据规定，养老金费用在原有基础上还包括前期服务成本的摊销、精算利得和损失以及首次适用新准则所产生的资产（负债）的调整额。若缴存额低于当期确认的养老金费用，则养老金负债将增加。

信贷市场的利率决定了用于计算养老金利息成本的比率，利率和股票收益率共同影响了计划资产的投资回报。此外，养老金计划资产和负债的存续时间往往较长，相关的精算假设很有可能出现偏差，因此，养老金费用极易出现剧烈波动。

为此，第 87 号财务会计准则公告作出了多项规定，以满足企业进行利润平滑的需要。例如，该准则允许企业在较长的期间内分期确认养老金资产的投资收益和精算损益，并将其直接计入“其他综合收益”，以避免影响其会计利润。

有证据表明，企业往往会通过改变利率和投资回报率的精算假设来调整养老金费用，进而实现利润平滑。[11]

最后是金融工具会计，即企业所持金融资产的计价与列报问题。美国的公司法由各州独立制定并实施。1889 年，标准石油公司（Standard Oil）总部所在地新泽西州率先允许企业向其他企业投资、持有其他企业的股票。[12]自那以后，会计界开始思考在证券市场上活跃交易的证券的计价问题，即究竟应当以历史成本还是市场价格来计量在证券市场上活跃交易的证券的价值。从某种意义上说，如果仅仅因为购买日期不同就导致同一只股票在资产负债表中列示的价值不同，那显然是缺乏合理逻辑的。

可观测的市场价格似乎能够满足准则制定机构对会计信息相关性和可靠性的要求。纽约大学教授乔治·索特打趣道，既然会计报表可以影响证券价格，为什么证券价格不能反过来影响会计报表呢？

历史成本计量可能会引发许多问题。公司持有的证券投资通常是在一段期间内通过多次购买而形成的，且各次的购买价格差异较大，这样，企业其实可以通过出售已实现增值的证券来提高其会计利润。这种“摘樱桃”式的投机行为意味着企业往往会将业绩不佳的证券资产继续留在账上，同时又能实现账面利润的稳定增长。

例如，某公司购买了 1 000 美元的可流通普通股，在资产负债表日，该项资产的市价上升至 1 400 美元。表 9-2 列示了企业在资产负债表日的会计处理。

方法一最简单。企业只有在出售证券时才记录市场价值的变动额，即将市价与账面价值之间的差额确认为利得或损失，计入利润表。在本例中，资产负债表日并未发生销售行为，因此，企业无须在财务报表中记录资产的价值变动。

根据方法二，虽然股票未对外出售，但企业仍应将资产的账面价值调整为最新市价，并确认 400 美元的未实现投资持有利得。然而根据第 3 章提到的实现原则，企业只有在转让资产并收回现金时才需缴纳相应的所得税，因此其应当将未来的纳税义务确认为一项递延所得税负债，并在资产负债表中列示。

表 9-2　　证券投资的三种会计处理方法

	方法一	方法二	方法三
利润表			
营业收入	$1 782	$1 782	$1 782
营业费用	(1 475)	(1 475)	(1 475)
营业利润	307	307	307
未实现投资持有利得	0	400	0
利润总额	307	707	307
所得税（税率为 35%）	(107)	(247)	(107)
净利润	$200	$460	$200
资产负债表			
交易性证券	$1 000	$1 400	$1 400
其他资产	1 250	1 250	1 250
资产总计	$2 250	$2 650	$2 650
递延所得税负债	$0	$140	$140
其他负债	1 025	1 025	1 025
负债总计	1 025	1 165	1 165
普通股和投入资本	525	525	525
留存收益期初余额	500	500	500
当期净利润	200	460	200
留存收益期末余额	700	960	700
累计其他综合收益	0	0	260
股东权益	1 225	1 485	1 485
负债和股东权益总计	$2 250	$2 650	$2 650

与方法二类似，方法三同样采用市场价格计量证券资产，但由此产生的利得并不计入损益，而是在扣除递延所得税负债后以净额计入综合收益。综合收益如同一个收纳箱，专门用于归集外币报表折算差额、养老金负债调整额等未结算的项目。

方法二和方法三均采用公允价值计量，从而导致递延所得税负债增加140美元（即未实现的投资持有利得400美元乘以所得税税率35%），股东权益增加260美元，因此两种方法下的资产（负债）总额是相等的。但方法二的净利润和留存收益相对较高，方法三则将未实现投资持有利得计入其他综合收益，等到资产出售时再转回到损益中。当然，三种方法的最终结果都是一样的。

会计程序委员会1947年8月发布的第30号会计研究公报首次提出了公允价值会计的理念。该委员会认为，对于流动资产（即拟在一年内变现的资产）而言，若其市场价格远低于历史成本，且管理层认为这种下跌不是暂时性的，那么企业就应当把资产的账面价值减记至市场价格。报表编制者对证券价格的正常波动不应过分担心。

此外，这份公报还把成本与市价孰低法这一存货计价规则推广到了证券计价的情形。有委员对此表示异议，认为无论市场价格是否低于历史成本，企业均应采用市场价格计量其交易性证券。

在1973年至1974年间的熊市行情之后，财务会计准则委员会1975年12月发布了第12号财务会计准则公告《特定可交易权益性证券的会计处理》(Accounting for Certain Marketable Equity Securities)，规定了普通股和优先股的减值的会计处理，但没有阐述股票升值的会计处理。

根据第12号财务会计准则公告的要求，企业应当采用成本与市价孰低法计量证券投资组合的价值，而无须记录单项资产的价值变动。具体而言，流动性证券投资组合的会计处理与表9-2中的方法二一致。当证券投资组合的市场价格低于历史成本时，企业应当计提减值准备，并在利润表中确认减值损失。若以后期间价格得以回升，则以前减记的金额应当予以恢复，并在原已计提的资产减值准备金额内转回。非流动性证券投资组合的会计处理与方法三一致，即将资产价值的变动直接计入所有者权益。

债券在社会经济中占有十分重要的地位。金融中介的债券投资规模通常比权益性投资的规模大；作为美国市政债券市场上规模最大的发行主体之一的纽约市政府曾一度濒临破产；很多大型银行均持有信用等级较差的外国政府贷款；曾有大批房地产开发企业因过度使用财务杠杆而破产。但值得注意的是，第 12 号财务会计准则公告未能给出债券的会计处理规范，1977 年发布的第 15 号财务会计准则公告（相关内容参见第 6 章）仅仅规定了债务重组的核算原则，仍然没有提及公开交易的债券的计价问题。

因此，金融机构长期采用摊余成本计量债券投资，并通过出售已升值的债券投资的方式来确认投资收益，借此增加会计利润。这种"摘樱桃"式的盈余管理行为引起了财务会计准则委员会的警觉。

1991 年 12 月，财务会计准则委员会发布第 107 号财务会计准则公告，要求企业在附注中披露金融资产的市场价值。但时任美国证监会首席会计师沃尔特·舒尔茨（Walter Schuetze）却竭力主张推行盯市会计规则。其理由是，市场价值比历史成本对会计报表使用者更具相关性。此外，中小投资者通常很难获得会计报表附注信息。显然，舒尔茨并不认同有效市场假说。[13]

1992 年，财务会计准则委员会发布了一份征求意见稿，提议采用公允价值计量债券和股票投资。在为期 90 天的意见征求期内，该委员会共收到 600 多份回复意见，其中大部分意见提出，盯市会计会导致企业会计利润的波动。

财务会计准则委员会吸取了外币报表折算和养老金会计准则的教训，选择了一个折中方案，以迎合投资者和企业管理层的需求。1993 年 5 月，该委员会发布第 115 号财务会计准则公告《某些债券和权益性证券的会计处理》(Accounting for Certain Investments in Debt and Equity Securities)。该公告将企业的证券投资分为三类，对于企业有意愿并有能力持有至到期的债务性证券，应当采用摊余成本计量（即表 9-2 中的方法一），并在债券到期时转回持有利得和损失。对于拟近期出售的债券和权益性证券，应当采用公允价值计量，并在利润表中列示未实现的持有利得和损失（即方法二）。对于既不拟近期出售也不打算持有至到期的证券投资，应当划分为可供出售金融资产，采用公允价值计量，并将未实现的利得和损失计入其他综合收益（即方法三）。金融资产的分类一经确定，不得随意变更。正如一位同事所说，这就好比汽车驾驶员应当在自己的车道行驶，行车过程中不得随意变道。

第 115 号财务会计准则公告严格规定了持有至到期投资的适用条件。此外，交易性金融资产的处理规则极易引起利润波动，因此大多数企业通常会选择将证券投资划分为可供出售金融资产。但安然公司是一个例外，相关内容将在第 14 章讨论。

在接下来的十年里，有越来越多的企业使用衍生金融工具（如期权、期货、远期和互换）进行投资理财和风险管理。衍生金融工具的会计处理问题引发了巨大争议，会计准则制定机构希望财务报表能够及时反映这些金融合同的公允价值，而企业管理层却极力避免在利润表中确认衍生金融工具的公允价值变动损益。1998 年 6 月，财务会计准则委员会公布了第 133 号财务会计准则公告及长达数百页的应用指南，该准则被称为“会计规则中的《战争与和平》(*War and Peace*)”。

该准则要求企业采用公允价值计量衍生金融工具，并将其列示在资产负债表中，部分符合条件的金融工具的公允价值变动可以直接计入所有者权益。可见，为缓解企业管理层的抵触心理，财务会计准则委员会再次使用了“其他综合收益”这一收纳箱。

企业管理层通常不会把盈余波动视为企业经营过程中的正常现象。“其他综合收益”项目就像财务会计领域的“错位玩具岛”（Island of Misfit Toys)，专门用于归集那些企业不希望在利润表中予以反映的价值变动。直到资产出售后，相关的其他综合收益才被转成损益。

【注释】

[1] Burton，“Revisiting the Capital Asset Pricing Model.”

[2] Pratt，*Cost of Capital*，p. 3.

[3] Ryan et al.，“Recommendations on Hedge Accounting.”

[4] Forbes，“Why Can't Accountants Be Practical?”

[5] Wolk，Dodd，and Tearney，p. 653.

［6］Ibid. , p. 653.

［7］Ibid. , p. 536.

［8］Tietjen.

［9］Benston et al. , *Following the Money*, p. 47.

［10］Wolk, Dodd, and Tearney, p. 545.

［11］Cited by Wolk, Dodd, and Tearney, p. 546.

［12］Skeel, p. 63.

［13］“Market Value: The Debate Rages.”

第 10 章　无形资产

在新经济时代，游戏规则已经发生巨大变化。你所知道的比你所拥有的更重要。

——安然公司 1999 年年度报告，《致全体股东的一封信》（Letter to Shareholders）

财务会计的职能逐渐从监控企业管理层受托责任的履行情况转变为帮助股票投资者评估公司价值。在这一过程中，如何对内部开发的无形资产进行会计处理成为会计界的一大难题，时至今日，对无形资产相关问题的研究仍然有待深入。

无形资产是指没有实物形态的、能够为企业带来经济利益的资源，如品牌、企业文化、客户关系、工艺技术等，它通常难以脱离企业而单独进行交易。在日常经营过程中，管理层必须对有限的固定资产进行合理配置，但无形资产的使用往往是不受限的，即企业可以同时在不同地点使用同一项无形资产。随着使用频率的增加，很多无形资产的价值会越来越高。

在埃尔登·亨德里克森（Eldon Hendriksen）于1970年撰写的近600页的《会计理论》（*Accounting Theory*）一书中，有关无形资产的篇幅仅有20页。然而在30多年后的今天，无形资产却变成了唯一值得企业购买的资产，因为应收账款、存货、机器设备和土地等资产都很容易被替代。

相较于无形资产，债权人似乎更关注企业会计报表上报告的固定资产。固定资产具有实物形态，看得见、摸得着，并且能够在二手市场上转让或者用于抵押，而无形资产却不具有这些特点。有评论指出，既然无形资产不能单独存在，那你怎么可能将其作为抵押标的呢?[1]

从图10－1可以看出，随着时间的推移，股权投资者越来越关注无形资产的价值。市净率是指企业净资产的市场价值与其账面价值之间的比率。市净率等于1∶1，表明资本市场估计的企业价值与会计记录的账面价值一致；市净率高于1∶1，表明资本市场对企业的估值高于其账面价值。

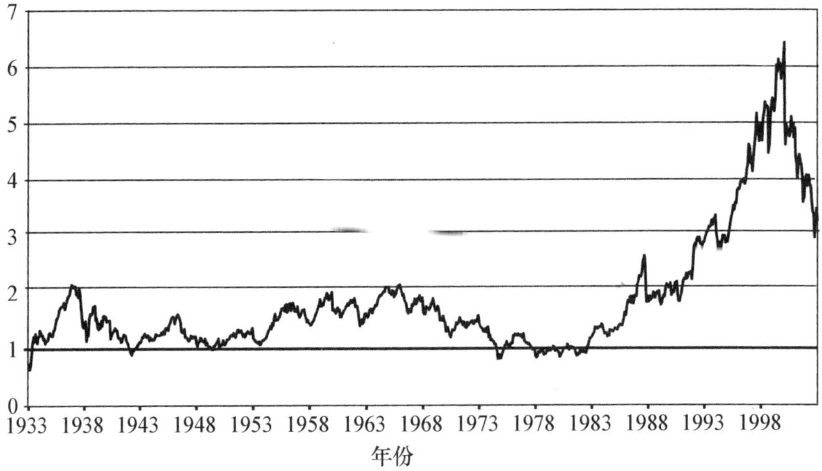

图10－1　1933—2002年间道琼斯工业平均指数的市净率

资料来源：CashflowValuation. com.

图10－1显示，从《1933年证券法》发布到20世纪80年代中期，道琼斯工业平均指数（Dow Jones Industrial Average）中的30只股票

的市净率一直在 1∶1 和 2∶1 之间波动，说明投资者愿意以高出净资产账面价值两倍的价格购买公司股票。此外，该图还表明了净资产的账面价值能够在多大程度上反映企业的真实价值。

在接下来的十年里，道琼斯工业平均指数的市净率不断上升，并在 1999 年互联网泡沫期间到达最高点 6∶1。请注意，纳入该指数的 30 家公司均是历史悠久的大型企业，而不是互联网新贵。在里根政府时期，那些重视技术研发、员工培训、品牌建设、市场营销、质量控制、设备更新的企业受到了投资者的青睐。在互联网泡沫破裂后，市净率依然居高不下，高达 3∶1。

优秀的企业能够在激烈的市场竞争中实现盈利，并在金融危机期间依然保持竞争优势。它们的成功并非源于所拥有的实物资产，而是源于品牌、企业文化、人力资源、知识产权及其他无形资产。这些无形资产通常能够帮助企业降低成本或者提高议价能力，进而获取超额回报。[2]

得益于良好的员工培训、存货管理和供应商关系，沃尔玛在实施"天天低价"的成本领先战略时依然能够保持盈利；诺德斯特龙（Nordstrom）因提供高端的商品和周到的服务而拥有较高的定价能力；20 世纪 90 年代，丰田公司凭借自己的品牌影响力获得了高额溢价，并通过生产技术的创新降低了汽车的制造成本。综上所述，无形资产能够帮助企业在压缩成本的同时而提升产品的溢价水平。

一般认为，相较于普通企业，拥有可持续竞争力的企业能够以更快的速度、更低的风险创造更多的现金流。证据表明，企业所拥有的优质无形资产对于投资者而言属于重大利好。

表 10－1 是微软公司 2002 年 6 月 30 日的简易资产负债表。2002 年正值熊市的第三个年头，但微软公司的市净率依然能够保持在6∶1（净资产的账面价值大约为 500 亿美元，而市值却高达 3 000 亿美元）。正如表 10－1 所示，其资产负债表仅仅列示了现金、股权投资、应收账款、建筑物等资产，无形资产的账面价值也仅为约 17 亿美元，还不到公司市值的 1%。

表 10－1　微软公司 2002 年 6 月 30 日简易资产负债表　　单位：百万美元

现金及交易性证券	$ 38 652	应付账款	1 208
应收账款	5 129	预收账款	7 743
其他流动资产	4 795	应交所得税	2 022
不动产和设备	2 268	其他负债	4 493
股权投资	14 191	总负债	15 466
商誉和无形资产	1 669		
其他资产	942	股东权益	52 180
总资产	$ 67 646	负债和股东权益合计	$ 67 646

微软公司拥有独特的竞争优势，全世界 90%的个人电脑都在使用它开发的软件产品。众所周知，微软公司是全世界市值最高的企业之一，但其资产负债表却并没有将这种独特的竞争优势和超额盈利能力反映出来。

无形资产核算的关键在于保证资产计价的可靠性。很多企业都拥有独特的核心竞争力，如麦肯锡的咨询师、高盛的银行家、沃奇尔律师事务所（Wachtell）的律师等，但这种组织内部开发的无形资产往往缺乏市场交易价格，因而难以可靠计量。在这三家企业中，仅高盛为上市公司，其无形资产的计价可参考市场交易数据来估算。

1944 年 12 月，会计程序委员会公布第 24 号会计研究公报《无形资产》(Intangible Assets)，该公报首次阐述了无形资产的会计问题。会计程序委员会将无形资产划分为外购无形资产和内部开发的无形资产，以及使用寿命有限的无形资产（如专利和许可证）和使用寿命无限的无形资产（如商誉和永久性特许经营权）。然而对于由企业自行研究、试验、开发所形成的无形资产的计价问题，该公报并未给出指导性意见。[3]

会计程序委员会认为，外购无形资产的核算应当与其他外购资产保持一致，即以取得成本进行初始计量，并在资产的经济寿命内予以系统摊销，当存在减值迹象时则应计提减值准备。使用寿命不确定的无形资产应当以历史成本计量，待该资产的使用寿命可确定之后再进行摊销或减值。

该公报有一项规定颇为耐人寻味，即允许企业将外购无形资产的减值直接计入所有者权益，以避免该项减值对投资者产生误导。这意味着，会计规则为企业利用无形资产减值调节财务业绩的行为提供了天然的屏障，使其可以在不影响利润的情况下“洗大澡”。

1970 年 8 月，会计原则委员会发布第 17 号意见书《无形资产》(Intangible Assets)，试图进一步减少会计处理的多样性。与会计程序委员会类似，会计原则委员会将无形资产划分为内部开发的无形资产和外购的无形资产，以及可辨认的无形资产（如专利、特许经营权、商标）和不可辨认的无形资产（如商誉）。

商誉是不可确指的无形资产，包括企业文化、供应商关系、品牌及其他能够为企业创造超额收益的资源。会计上将并购价格高于被购买方可辨认净资产的公允价值的差额确认为商誉。实证研究表明，从统计学意义上看，外购商誉能够在一定程度上解释股价的波动。

与会计程序委员会不同的是，会计原则委员会认为所有无形资产的使用寿命都是有限的，其价值最终都会归零，其原因如客户自然死亡、消费者的偏好发生变化、供应商破产、专利过期、法律制度变更以及技术革命等。因此，企业应当在预计的受益期内对无形资产的账面价值进行摊销，摊销年限不超过 40 年。委员会进一步指出，之所以规定摊销期不长于 40 年，主要是为了增强会计准则的可操作性，减少会计实务的多样性。需要强调的是，商誉的摊销仅影响各期的会计利润，不影响企业的现金流。

会计原则委员会的 18 位委员中有 4 位委员反对第 17 号意见书。反对者认为应当赋予企业更多的职业判断，允许其自行确定无形资产的摊销年限，如通货膨胀会计领域的专家西德尼·戴维森表示，40 年摊销期的规定过于武断，缺乏合理依据。但审计师和监管部门却比较支持 40 年摊销期这样的明线规则。

第 17 号意见书没有涉及内部开发的无形资产的会计处理问题。

1974 年 10 月，成立不久的财务会计准则委员会一致通过并对外发布了第 2 号财务会计准则公告《研发支出的会计处理》（Accounting for Research and Development Costs），该准则明确规定：

> 所有研发支出都必须在发生时予以费用化。[4]

该准则还要求企业在附注中分类披露各会计期间确认的研发费用。

上述规定的目的是减少研发支出会计处理的多样性。财务会计准则委员会援引的数据显示，美国各类公共部门和私人部门的研发支出大约占到国民生产总值的 2%。这些研发活动的未来经济利益具有较大的不确定性，且研发支出和未来收益之间不存在直接的因果关系，很难进行配比，因此研发支出应当及时予以费用化。

该准则引起了巨大争议。哈佛商学院教授罗伯特·安东尼（Robert Anthony）指出，在财务会计准则委员会收到的反馈意见中，3 位学者表示赞同，11 位反对；6 家会计师事务所赞同，3 家反对；34 家企业赞同，17 家反对。对无形资产核算问题的分歧尚且如此之大，可以想见，对那些复杂的会计问题就更是如此了。[5]

通用汽车公司财务副总监尤金·弗列姆（Eugene Flegm）将该准则称作“史上最糟糕的会计准则之一”。他认为，没有确切证据表明企业必然会滥用无形资产的会计处理来操纵财务业绩，因此财务会计准则委员会完全取消职业判断的做法显得过于武断。[6]

然而企业仍然需要运用职业判断来区分研发活动和其他日常经营活动。根据财务会计准则委员会的定义，研究是指为获取新知识而进行的独创性的调查，开发是指将研究成果应用于新产品或新工艺，两者之间的界限通常比较模糊。例如，生产一台新机器要经历设计原型、例行检修等一系列连续的过程，会计人员很难判断究竟应当在何时停止费用化、开始资本化。

优秀的制药企业往往拥有较高的市净率，这可能是因为其研发支出数额巨大，投资者在估值时会把已经费用化的研发支出调整为资产。换言之，投资者认为公认会计原则导致企业的净资产被低估了。

软件企业较为特殊，其自行开发的软件产品往往具有较高的价值。软件行业的发展促使会计准则制定机构重新思考第 2 号财务会计准则公告的合理性。1985 年 8 月，财务会计准则委员会公布第 86 号财务会计准则公告《用于销售、出租或其他交易方式的电脑软件成本的会计处理》（Accounting for the Costs of Computer Software to Be sold，Leased，or Otherwise Marketed），进一步明确了软件开发成本的核算规则。

该准则规定，在研发项目具备技术上的可行性以前，所有支出均应当费用化，在这以后发生的支出则应当资本化。换言之，软件的生产成本应当资本化，并在预计的使用寿命内摊销，资本化的金额按照摊余成本与可变现净值孰低法来确定。有人对此提出质疑，为什么其他企业的研发支出必须费用化而唯独软件企业例外？

1995 年 7 月 5 日，IBM 以 32 亿美元的价格收购了从事商业应用软件开发的莲花公司（Lotus Development Corporation）。IBM 在 1995 年的年度报告中称，由于其研发项目已经具备技术上的可行性，公司对软件开发成本进行了资本化处理。显然，这一会计处理符合第 86 号财务会计准则公告的要求。

为了准确评估莲花公司各项资产的公允价值，合理分摊并购成本，IBM 专门聘请了一家独立的评估公司。评估结果显示，莲花公司有形资产（包括现金、应收账款、土地、建筑物以及机器设备）的公允价值约为收购价款的 10%，研发支出约占剩余价款的 2/3。IBM 称，由于相关项目不具备技术上的可行性，因此公司将价值 18 亿美元的研发支出确认为费用。

但这一说法显然不符合事实。当时，莲花公司生产的诸如电子公告牌系统、123 电子表格程序等软件产品均已获得市场的广泛认可，我的同事几乎每天都会使用这两种软件。这表明，莲花公司的研发支出符合资本化的条件。然而，IBM 却仅仅将 2.9 亿美元的收购价款（占总价款的 9%）予以资本化，计入了软件产品的成本。

IBM 为什么选择将巨额的研发支出费用化？一个极具讽刺意味的解释是，公司管理层可能存在弹力加载（spring-loading）的盈余管理行为[7]，即通过在当期一次性确认费用，压低当期的会计利润，来避免在未来期间摊销资本化的支出，从而为完成并购以后的利润增长做准备。

2001 年 6 月，财务会计准则委员会发布第 142 号财务会计准则公告《商誉和其他无形资产》(Goodwill and Other Intangible Assets)。如前所述，该准则重点阐述了收购对价在被收购方的各项资产之间分配的问题，但仍然没有对内部开发的无形资产的会计处理作出规定。

根据第 17 号意见书的结论，所有无形资产的使用寿命都是有限的。作为对比，第 142 号财务会计准则公告则认为，商誉和部分无形资产的使用寿命是不确定的，因此不能予以摊销。企业至少应当在每年年末对无形资产进行减值测试，并根据减值金额确认损失。该项规定在一定程度上减轻了企业的负担，企业不必再考虑商誉摊销对利润的不利影响，但资产减值却有可能会进一步加剧利润波动。

会计准则制定机构迟迟未发布内部开发的无形资产的会计处理规则（软件企业除外），这导致实务中出现了很多问题。以美国在线（America Online）为例，美国在线是一家互联网服务供应商，为计算机用户提供早期的拨号上网服务。20 世纪 90 年代中期，为进一步增加拨号上网的用户量、扩大市场份额，美国在线独辟蹊径，开始定期向消费者寄送免费试用软件的安装光盘。

急速的扩张导致美国在线陷入困境。一方面是日益迫切的融资需求，另一方面，作为上市公司的美国在线又面临着持续报告盈利的压力。此时，威廉·夏普的风险分散理论对于创造公司财富似乎并无助益。

为了摆脱困境，美国在线选择将获取用户的成本作资本化处理，并在未来超过 24 个月的期间内摊销。1995 年 6 月 30 日，公司总资产为 4.05 亿美元，其中，递延确认的用户获取成本为 0.77 亿美元（约占总资产的 19%）。1 年后，该递延账户的金额上升至 3.14 亿美元，占资产总额的 1/3。显然，若将这些支出全部作费用化处理，该公司将面临巨额亏损。

企业通常倾向于避免将无形资产的研发支出资本化，因为无形资产未来将带来的收益具有较大的不确定性，且难以与研发费用相配比。而美国在线的会计政策恰好相反，这使其成为各大商学院的案例研究素材。2000 年 5 月，由于美国在线未能解释清楚其未来收益是否能够弥补所有递延确认的用户获取成本，美国证监会决定对其作出行政处罚。随后，美国在线发布公告称，公司同意支付 350 万美元的罚款，并重述 1995 年、1996 年的财务报表。

后来，美国在线通过一系列的大规模并购迅速扩张。并购导致股价暴涨，这降低了公司的融资成本，为进一步收购提供了充足的资金。其中最著名的收购案是 2001 年 1 月美国在线利用本公司的高估值股票收购了传媒巨头时代华纳，该案被誉为史上规模最大的企业并购案。有评论家将此次交易描述为“一家没有资产的公司收购了一家没有头脑的公司”。[8]

美国在线-时代华纳公司 2001 年的资产负债表显示，该公司总资产为 2 080 亿美元，其中，品牌和商标权的价值为 110 亿美元，有线电视和体育专营权的价值为 270 亿美元，商誉的账面金额更是高达 1 280 亿美元（占资产总额的 62%）。

财务会计准则委员会公布的第 142 号财务会计准则公告，要求企业自 2002 年 1 月起在各会计期末对商誉进行减值测试。2002 年 3 月 31 日，美国在线计提了 540 亿美元的商誉减值准备，这一金额相当于厄瓜多尔全年的国内生产总值。计提减值后，美国在线商誉的账面价值依然高达 800 亿美元，其他无形资产的账面价值为 450 亿美元。

资产发生减值意味着其实际使用年限低于预计年限，因而以前期间确认的利润是虚高的。1975 年，只有不到 5%的上市公司计提巨额减值；到了 1994 年，这一比例上升至 21%。[9]高盛集团高级投资分析师艾比·约瑟芬·柯恩（Abby Joseph Cohen）表示，2002 年，美国公司为始于 20 世纪 90 年代的并购狂潮付出了惨痛的代价，确认的无形资产减值高达 1 400 亿美元，几乎相当于过去 8 年确认的减值的总和。[10]

除后进先出法以外，美国公众公司财务报告领域的另一项令人费解的会计规则是权益结合法。权益结合法的提法最早出现于 1943 年尼亚加拉大瀑布电力公司诉联邦电力委员会案（Niagara Falls Power Company v. Federal Power Commission，137 F. 2d 787），负责审理此案的法官是勒尼德·汉德（Learned Hand）。1918 年，尼亚加拉大瀑布电力公司的前身与另外一家企业通过股权合并创建了一家新的公用事业公司。新公司没有购买原公司的股票，参与合并的原公司也没有对外转让股权，但均对新公司享有利益分享权。

在本案中，合并资产的定价问题引起了巨大争议。公用事业公司认为，合并后资产的价值应当以合并日的公允价值为基础来确定。其原因在于，若以历史成本为计价基础，则合并资产的价值和企业的成本费用将被低估，导致合并后企业难以向监管部门申请提高电费价格。联邦电力委员会为了压低电价，声称此项合并没有产生任何实质性的交易，因而采用历史成本计量更为恰当。

该案的主审法官汉德认为，此次合并的实质是合并双方通过股权联合所形成的利益联结，而非基于讨价还价的公平交易行为。因此相关资产不存在公允的交易价格，不符合重估值的条件。合并完成后，企业应当将合并后的资产视为既有资产。如果存在公平交易，则企业应当采用购买法，将合并后资产的价值调整为公允价值，并编制自购买日起的合并利润表。

与购买法相比，权益结合法主要有以下三项特征：(1) 合并利润表包括参与合并各方自合并当期期初至会计期末所发生的所有损益；(2) 合并收入和合并利润的金额相对更高（即使合并事项发生在 12 月 31 日，合并利润表的编报范围依然包括合并当年全年所发生的收入、费用）；

(3) 权益结合法不改变资产的计价，因此不会影响合并后企业的折旧费用。但无论选择权益结合法还是购买法，企业的现金流均不会发生变化。

围绕权益结合法和购买法的争议表明，“原则导向”与“规则导向”均无法有效解决准则制定过程中的分歧。1950年9月，会计程序委员会发布第40号会计研究公报《企业合并》(Business Combinations)，明确权益结合法的适用条件包括参与合并的企业必须规模相当、业务相似，且其所有权和经营权在合并前后具有连续性。7年后，会计程序委员会在第48号会计研究公报中再次强调了这些标准；1966年，会计原则委员会又在第10号意见书中重申了相关内容。

尽管本案以尼亚加拉大瀑布电力公司败诉告终，但企业界和投资银行家们因祸得福。企业界在华尔街的极力支持下不断扩大权益结合法的适用范围，将其用于核算规模和业务性质迥异的公司之间的合并，以此来美化财务报表。在某些采用权益结合法的企业合并中，被合并方的资产规模甚至不到合并方的1%。可见，权益结合法已经成为企业管理层做大会计利润的工具。[11]

1963年，伊利诺伊大学会计学教授亚瑟·怀特撰文批判权益结合法。4年后，会计学界最具批判精神的学者之一、纽约城市大学柏鲁克学院教授亚伯拉罕·布里洛夫发表论文《肮脏的权益结合法》(Dirty Pooling)，详细阐释了权益结合法对投资者的误导性，引发了社会各界的广泛关注。[12]文章中最有名的一句话是：“会计报表就像是比基尼，尽管其对外展示的部分很有趣，但其掩盖的部分才是关键。”

为遏制权益结合法的滥用，会计原则委员会于1970年公布了第16号意见书，详细规定了权益结合法的12项适用条件。但这种规则导向的会计准则仍然引发了很多问题，例如，“极富创造力”的投资银行家们往往会通过精心安排合并业务、调整交易结构来迎合准则的要求。此外，该准则的非预期效应还包括，由于购买方比较迫切地希望采用权益结合法核算企业合并业务，被购买方反而能够借此提高其在企业合并过程中的议价能力。

为了提高会计利润，企业管理层通常会使出浑身解数来满足权益结合法的适用条件。1991 年 9 月，美国电话电报公司以 75 亿美元的价格收购了 NCR 公司。为了满足第 16 号意见书中权益结合法的适用条件，公司不惜花费巨大的经济代价，以避免在当年确认 50 亿美元的商誉并在未来 40 年里每年确认 1.25 亿美元的摊销额。[13]

1999 年 4 月 21 日，财务会计准则委员会公布公告，取消了权益结合法。受此影响，部分采用权益结合法的企业的股价应声下跌了 3 个百分点。2000 年 12 月 20 日，财务会计准则委员会宣布不再强制要求摊销商誉，消息一出，部分拥有巨额商誉的公司的股价上涨了 2 个百分点。[14]

上述现象与“投资者更关注现金流，不关注会计盈余”的说法相矛盾，这充分说明了资本市场的复杂和混乱，也说明有效市场假说并不是放之四海而皆准的真理。但也有一些研究表明，合并方的股东对企业采用权益结合法的行为并不买账。[15]

【注释】

[1] “Stern Stewart Roundtable,” comment by Joel Stern, p. 23.

[2] Ghemawat, *Strategy and the Business Landscape*, p. 44.

[3] CAP, Bulletin 24, paragraph 1.

[4] FASB, Statement 2, paragraph 12.

[5] Briloff and Anthony, “By Whom and How Should.”

[6] Flegm, p. 103.

[7] Lowenstein, p. 73.

[8] Bruner, p. 273.

[9] Hirst and Hopkins, *Earnings: Measurement, Disclosure*, p. 6.

[10] Cohen, “Issues and Outlook 2005,” p. 10.

[11] Hawkins, *Financial Reporting Practices*, pp. 298-300.

[12] Briloff, “Dirty Pooling.”

[13] Fioriti and Brady, “Anatomy of a Pooling.”

[14] Barnes and Servaes, “Stock Market Response to Changes.”

[15] Weber, “Shareholder Wealth Effects.”

第11章　负债的列报

人类的基本需求很简单：有东西吃，有地方住，以及表外融资。

——理查德·格林（Richard Greene），《福布斯》，1980年11月24日，转引自斯蒂克尼和韦尔（Stickney and Weil）

实务界对有效市场假说并不买账。会计报表编制者们大多认为债权人和股东会被财务报告所迷惑。分析师在分析企业的财务健康状况时，对资产负债表外在形式的关注甚于对其经济实质的关注。以负债的会计处理为例，高额负债常被视为企业衰退的征兆之一，因此管理层通常极力避免在资产负债表中确认负债。

按照会计惯例，资产负债表的左边列示了企业的资产，右边则把资产的所有者界定为债权人和股东。企业如果无法按期偿还债务，则可能被债权人接管。因此，合理安排资产负债结构是公司财务管理活动中最重要的内容。

债务具有一定期限，而股东权益则在理论上是无限的。企业有时会分配股利，但却并没有强制性的分配的义务。股东可以通过股票回购或在二级市场上出售股票来获取收益。相较于债权人，股东承担的风险更高，因而其要求的收益率也更高。

自 1894 年起，美国税法允许企业在计算应纳税所得额时抵减其利息费用，但不能在税前扣除其向投资者支付的股利，这一规定使得资本结构（即长期资金来源中负债与股权的比例）成为影响公司价值的重要因素之一。负债具有节税作用，但过度的负债会导致企业破产。

假设某企业所需的长期资本为 500 万美元，年营业收入为 200 万美元，公司能够以恒定的利率获取不同金额的借款。如表 11－1 所示，随着债务融资额的增加，企业的净利润不断下降，但留给债权人和股东的盈余不断提高（除每股盈余外，其他数据的单位均为千美元）。

表 11－1　负债的税盾效应使得摊薄至更少的股份的收益显得更高

	资本结构中负债的金额		
	无负债	有一点负债	有很多负债
负债	$0	$1 500	$4 000
股东权益（股票面值为 1 美元）	5 000	3 500	1 000
资本总额	$5 000	$5 000	$5 000
营业利润	$2 000	$2 000	$2 000
利息费用（利率为 8%）	0	(120)	(320)
税前利润	2 000	1 880	1 680
所得税（税率为 35%）	(700)	(658)	(588)
净利润	$1 300	$1 222	$1 092
营业利润	$2 000	$2 000	$2 000
应交所得税	(700)	(658)	(588)
留存给债权人和股东的收益	1 300	1 342	1 412
税盾收益	**$0**	**$42**	**$112**
每股盈余	$0.26	$0.35	$1.09

负债具有避税功能，有助于将更多的盈余留存在企业内部。以债务融资代替股权融资，能够减少发行在外的普通股股数，进而提高每股盈余（EPS）。此外，债务带来的偿还压力能够促使公司做出更明智的投资决策，从而进一步提升企业价值。

但是，负债过高也会带来很多问题，例如，巨额的利息费用往往致使企业无法将更多的资金用于广告宣传、设备维护、员工培训及研发。

股东有时会故意过度使用财务杠杆，从而侵占债权人的利益。其常见做法是：对外宣告巨额的现金股利，以期掏空债权人的清算资产；滥发新债券，使得原有债券的风险上升、价值下降；变卖资产，或转让用于债务担保的抵押物；在濒临破产时仍孤注一掷，投资于高风险项目。

20 世纪 60 年代，美国大学优等生荣誉学会（Phi Beta Kappa）会员、加州大学伯克利分校毕业生、沃顿商学院 MBA 学员迈克尔·米尔肯（Michael Milken）提出了一个惊人的观点。他认为，债券市场完全有能力对高杠杆公司进行恰当的风险定价，投资者完全可以通过持有垃圾债券的投资组合来降低公司层面的风险，并获取收益。此外，次级借款人可以不通过银行和保险公司，而是直接将贷款以更低的成本出售给债券投资者。发行债券能够帮助公司将信用评级维持在投资级别。

1969 年，米尔肯进入德崇证券（Drexel Burnham Lambert）工作，主要负责贷款资产证券化业务。他将高风险的贷款分解为单位面额为 1 000美元、可在二级市场上交易的债券，成功地吸引了一批追求高收益的债券投资者。他为高风险债券建立了一个可自由流动的市场，并帮助德崇证券成功地摆脱了财务困境。米尔肯由此开始迈向职业生涯的巅峰。

米尔肯很快展现出了他能够为各类高负债企业设计资本结构的惊人才干。证券设定了各类投资者的现金分配权和表决权，资本结构则设定了股东和债权人享受权利的先后顺序和条件。

米尔肯利用债券、股票和期权构造出了各种各样的复杂的证券组合，用于满足不同利益主体的需求，并因此而收到了很多发债企业的认股权证。在发债企业偿付巨额债务之后，他便可以靠这些权证的升值来获利。

米尔肯的成功离不开当时的法律环境的庇佑。与 1954 年税法不同，1981 年的税法允许企业采用加速折旧法计提固定资产折旧。在这种情形下，企业有望获得更大的税收优惠，因此也就更有动力去扩大债务融资规模。储贷管制的取消更是使得人们纷纷投资于垃圾债券。此外，在里根政府时期，反托拉斯法也放松了管制，为大量企业通过发债进行横向并购大开绿灯。[1]

有观点认为，债务工具（债券）有助于解决公司所有者和经营者之间的代理成本问题。具体而言，管理层由于并不拥有企业的所有权，因此他们的行为可能会有损于股东的利益，例如，企业管理层可能会把经营活动赚取的资金用于补贴亏损严重的项目，而不是留给债权人和股东。

但债务工具能够有效防止上述行为的发生，因为巨大的利息偿付压力将会促使管理层节约成本费用、提高经营效率。例如，开展杠杆收购的公司以拟收购企业的资产和收益作担保借入巨额款项，然后用所借资金购买标的企业的股票。收购完成后，巨额的负债将会促使管理层努力工作。债务融资工具的合理使用有助于提高美国公司的国际竞争力。

到了20世纪80年代，恶意的杠杆收购事件不断涌现。通过垃圾债券融资，布恩·皮肯斯（T. Boone Pickens）计划收购海湾石油公司（Gulf Oil），索尔·斯坦伯格（Saul Steinberg）拟控制迪士尼公司（Disney）。此外，还有卡尔·伊坎（Carl Icahn）对菲利普斯石油公司（Philips Petroleum）的收购，詹姆斯·高德史密斯（James Goldsmith）对Crown Zellerbach公司的收购，等等。德崇证券能够帮助购买方在数日内筹集上亿美元资金，其标志性事件就是科尔伯格-克拉维斯-罗伯茨公司（Kohlberg Kravis Roberts & Co.）以260亿美元的价格收购了纳贝斯克公司。

20世纪90年代，人们对债务工具的狂热渐渐冷却。鲁道夫·朱利安尼（Rudolph Giuliani）以内部交易及其他证券欺诈罪起诉了米尔肯，米尔肯缔造的金融帝国轰然倒塌。与此同时，一大批杠杆收购计划也因为现金流无法支撑巨额债务而宣告失败，针对杠杆收购的质疑之声开始出现。这些观点认为，若参与并购决策的人员未包括行业专家，那么该项并购很可能会占用企业在研发支出、设备更新和广告宣传等方面的必要资金，进而对企业的运营效率造成严重影响。[2]

20世纪90年代，（巨额）债务逐渐被视为企业衰退的征兆。优秀的企业通常具有较高的定价权，拥有严格的成本控制措施、有效的广告宣传和覆盖全球的分销渠道，从而能够实现盈余的稳步增长，进而降低债务融资的需求。

《财富》杂志的“年度最受尊敬企业”榜单在一定程度上反映了社会公众的看法。表 11－2 列示了 20 世纪 90 年代多次位列前十的公司名单，以及同时期标准普尔对这些公司无担保债务的信用评级。由表可知，没有一家公司的评级是垃圾级别，其中，名列前茅的可口可乐、宝洁及默克等公司均呈现出了“堡垒式资产负债表”(fortress balance sheets)。

如今，投资者和新闻媒体转而将负债视为企业衰退的信号，他们认为，优秀的企业不需要通过避税来创造价值。因此，企业管理层便开始采取各种手段来降低资产负债表中列报的负债数额，以期提高账面上的偿债能力。此时，与租赁、诉讼、或有事项以及合并报表等相关的会计问题引起了会计准则制定者的注意。

租赁是常见的债务融资形式，如临时租用一套高尔夫球具或长期租赁一块土地。资产的所有者（即出租人），为了获取报酬，将房屋、设备或其他固定资产出租给承租人，承租人向出租人支付租金，以补偿资产的损耗和出租人的资本成本。

与租赁有关的会计问题是如何确定一项租赁业务是经营租赁还是融资租赁。假设承租人租用了一辆汽车，租期为 1 天，显然，此时承租人不拥有该车的所有权。但如果租期延长至数周、数月甚至数年的时间，该汽车的所有权应当归属于谁？有观点认为，由于承租方能够对资产实施控制，故而应当在承租方的财务报表中确认该项资产及相应的负债。

企业通常不愿意在资产负债表中披露额外的负债，而会计准则制定机构却希望承租人完整地列示所有的债务。租赁费用究竟是资本化还是费用化，并不会对企业的现金流量产生影响，因而，从资产的整个使用期间看，这两种会计处理没有差异。

例如，假设某公司在 1976 年年初租入一项价值 15 000 美元的机器设备，租金按年支付。出租人的借款利率为 6%，采用直线法计提折旧，

表 11-2　　多次进入《财富》杂志“年度最受尊敬企业”榜单前十名的公司及其债券评级

公司	1990 年	1991 年	1992 年	1993 年	1994 年	1995 年	1996 年	1997 年	1998 年	1999 年
可口可乐	AA	AA	AA	AA	AA	AA	AA	AA−	AA−	A+
宝洁	AA+	AA	AA	AA	AA	AA	AA	AA		
默克	AAA	AAA	AAA	AAA			AAA	AAA	AAA	AAA
乐柏美（Rubbermaid）	BBB+	BBB+	A−	A	A	A	A			
微软					零负债	零负债	AA	AA	AA	AA
3M	AAA	AAA	AAA	AAA	AAA	AAA				
沃尔玛	AA	AA	AA	AA						AA
强生		AAA	AAA				AAA	AAA	AAA	
英特尔						A+	A+	A+	A+	A+
百事	A	A	A							
丽诗加邦（Liz Claiborne）		零负债	零负债	零负债						
联合包裹服务（United Parcel Service）					AAA	AAA		AAA		
摩托罗拉					AA	AA	AA			
迪士尼					未评级				A	A
惠普						AA+	AA+		AA+	
伯克希尔·哈撒韦（Berkshire Hathaway）								AAA	AAA	AAA
波音		AA		AA						

续前表

公司	1990 年	1991 年	1992 年	1993 年	1994 年	1995 年	1996 年	1997 年	1998 年	1999 年
李维斯			未评级	未评级						
摩根大通				A	A					
家得宝					A	A+				
梦幻酒店（Mirage Resorts）							BBB+	BBB+		
通用电气									AAA	AAA
西南航空									A−	A−

资料来源：*Fortune* magazine，1990−1999.

折旧年限为 5 年。若按照融资租赁业务进行核算，承租人应当在租赁初期确认 15 000 美元的资产和负债。资产的价值以计提折旧的方式在使用年限内摊销，负债的金额随着租金的偿付而减少。若按照经营租赁业务进行核算，则只需每年确认租金即可。表 11－3 概括了上述两种会计处理方法。

表 11－3　　经营租赁与融资租赁

年份	负债摊销表					年折旧额
	期初余额	利息费用	年租金	负债减少额	期末余额	
1976	$ 15 000	$ 900	$ (3 561)	$ (2 661)	$ 12 339	$ 3 000
1977	12 339	740	(3 561)	(2 821)	9 518	3 000
1978	9 518	571	(3 561)	(2 990)	6 529	3 000
1979	6 529	392	(3 561)	(3 169)	3 359	3 000
1980	3 359	202	(3 561)	(3 359)	0	3 000
		$ 2 805	$ (17 805)	$ (15 000)		$ 15 000

年份	融资租赁						经营租赁		差额
	利息费用	+	折旧费用	=	合计				
1976	$ 900		$ 3 000		$ 3 900	－	$ 3 561	=	$ 339
1977	740		3 000		3 740		3 561		179
1978	571		3 000		3 571		3 561		10
1979	392		3 000		3 392		3 561		(169)
1980	202		3 000		3 202		3 561		(359)
	$ 2 805		$ 15 000		$ 17 805		$ 17 805		$ 0

在这两种核算方法下，公司每年支付的租金均为 3 561 美元，现金流量没有差异。融资租赁的会计处理增加了资产负债表中的负债数额和前期的利息费用，因此前期的财务报表看起来并不理想。但截至 1980 年年底，累计的现金支出和租赁费用均为 17 805 美元。可见，不同的会计处理方法只会影响各个会计期间的会计利润和负债水平。

美国证监会 1973 年发布的第 147 号会计系列公告要求承租方披露未予资本化的长期租赁付款额的现值。新成立的财务会计准则委员会把租赁会计列入了优先议题，在成立后的前 7 年的时间里，该委员会把一半的人力投入了租赁会计的研究。[3]

1976 年 11 月，第 13 号财务会计准则公告《租赁会计》（Accounting for Leases）发布，这是一份以规则为导向的会计准则。满足该准则规定的 4 项条件中任意一项的租赁业务即为融资租赁，否则便属于经营租赁。在经营租赁下，承租方无须在表内列示租赁资产和负债。判断一份租赁合同是否构成融资租赁，最重要的一项标准是租赁付款额的现值是否达到了租赁资产公允价值的 90%。企业可以利用该明线规则，通过操纵这一比例来规避采用融资租赁的会计处理规则。

财务会计准则委员会组建了一个由 9 位研究员组成的研究团队，他们考察了第 13 号财务会计准则公告的实施效果。他们对比分析了准则发布前后有租赁业务的公司和没有租赁业务的公司的情况，分析了这些公司的财务报表和股票回报，并与财会人员进行了深入交流。

研究结果表明，第 13 号财务会计准则公告发布后，公司普遍采取了更改租赁合同的方式来规避资本化的会计处理，即在现有合同的基础上重新协商合同条款，以避免在表内报告租赁资产和负债。但资本市场对这种调节报表的行为似乎并不买账，研究发现，租赁的资本化处理对债券收益和股票价格没有显著的负面影响。因此，企业管理层似乎没有必要过分担心。[4]

但企业管理层的上述观念在 20 年后依然没有改变。2004 年，联合太平洋公司（Union Pacific）租用了一栋办公大楼，并按照经营租赁业务进行核算，其理由是最低租赁付款额的现值仅占该大楼建造成本的 89.9%。太阳微系统公司（Sun Microsystems）的财务部门在公司网站上将租赁描述为“帮助企业进行表外融资，以应对各类银行贷款约束性条款的工具”。某租车公司网站称：“经营租赁的会计处理能够美化财务报表。”[5]

与规则导向的租赁会计不同，1975 年发布的第 5 号财务会计准则公告《或有事项的会计处理》（Accounting for Contingencies）充分体现了原则导向的特征。或有事项是指可能会给企业带来损失的不确定事项，如未决诉讼、债务担保等。与或有事项有关的会计问题是，企业何时应当在财务报表中确认或有事项的影响。

财务会计准则委员会的观点是，若或有事项的结果很有可能发生且其金额能够合理估计，企业就应当按照权责发生制确认或有事项的损失。确认和计量或有事项的损失时，会计人员并没有可供参考的明线规则，而必须依靠个人的职业判断。

上述规定无疑会导致不同公司之间的会计处理呈现出较大的差异性。1997 年的一项有关环境清理费用的调查表明，大型企业以及会计利润较低的企业更倾向于支持披露或有事项。[6] 2004 年，一项针对 600 家面临重大诉讼风险的公司的调查显示，仅 295 家公司在资产负债表中对或有事项作了说明。[7]

值得注意的是，财务会计准则委员会居然在一年之内先后发布了上述规则导向和原则导向的会计准则。但正如有关权益结合法的争议一样，规则导向和原则导向的会计准则均存在一定的问题，这意味着，无论是制定严格的规则还是赋予报表编制者更多的判断空间，都无法解决财务会计领域中的棘手问题。

合并报表准则的制定过程十分缓慢，这进一步印证了企业不愿意在表内列报负债的倾向。编制合并报表是指将母公司及其下属子公司或附属机构视为一个经济实体，从而综合列报该经济实体的财务状况和经营成果。

据称，合并报表的意义在于它站在企业集团的视角，将几个独立公司的资产、负债、收入和费用整合成一个整体，从而为股东和债权人提供了比个别报表更为有用的信息。但反对者认为，把不同财务报表中的“苹果”和“橘子”合并在一起，反而会使企业的财务状况更为模糊。

1993 年，西尔斯百货公司收购了好事达保险公司（Allstate Insurance）。西尔斯百货公司的存货是各类家居用品，而好事达保险公司的资产则是巨额的证券投资；西尔斯百货的负债包括经营负债和金融借款，而好事达保险的负债主要是保险行业特定的债务，如预收保费、未决赔款等。是否应当将这两个主营业务迥然不同的公司的财务报表进行合并，这一问题引发了巨大争议。1903 年，亚瑟・L. 迪金森要求美国钢铁公司编报合并数据，然后普华会计师事务所才同意出具干净的审计意见。但企业管理层通常不愿意报告合并数据，因为合并后负债的数额往往会上升，进而会导致企业的借款能力和融资能力下降。

反映负债状况的指标之一是未偿还负债占长期资本（即长期负债和股东权益之和）的比重，即财务杠杆。假设某机器制造商为促进产品销售，设立了一家融资子公司，该子公司专门为购买本公司机器的客户提供借款。机器制造商在母公司报表中列示的项目包括存货、不动产、厂场和设备，以及应付款项和债务等，子公司报表列示的项目主要是应收贷款和负债。如表 11－4 所示，母公司采用权益法（又称单行合并法）核算对子公司的股权投资，如此，便可以将公司杠杆率降至 29%，实现资产负债表的瘦身。

如果把母子公司的报表进行合并，即将权益结合法下 80 000 美元的净资产替换为 280 000 美元的资产和 200 000 美元的负债，那么该制造商的资产负债表就会迅速膨胀。此时，合并实体的经济实质没有发生任何变化，但报告的财务杠杆率却上升至 55%。企业不应当将子公司的净资产数据直接加总到合并报表中，因为子公司的资金是由母公司股东和债权人共同提供的。

表 11－4　机器制造商及其融资子公司的列报——权益法与完全合并法

		企业集团	
	子公司	权益法	完全合并法
现金	$ 15 000	$ 15 000	$ 30 000
应收款项	—	50 000	50 000
存货	—	75 000	75 000
应收客户贷款	250 000	—	250 000
对融资子公司的股权投资	—	80 000	—
厂场和设备	15 000	180 000	195 000
总资产	$ 280 000	$ 400 000	$ 600 000
应付账款	—	$ 50 000	$ 50 000
金融借款	200 000	**100 000**	**$ 300 000**
总负债	200 000	150 000	350 000
股东权益	80 000	250 000	250 000
负债和股东权益合计	$ 280 000	$ 400 000	$ 600 000
财务杠杆＝负债/（负债和股东权益合计）		**29%**	**55%**

与合并报表相关的会计问题是满足何种条件的企业才应当编制合并报表，会计准则制定机构曾多次尝试对此作出回答。会计程序委员会1959年8月公布的第51号会计研究公报《合并财务报表》（Consolidated Financial Statements）规定，当持有的表决权超过50%这一明线标准时，企业就应当将子公司的资产负债纳入合并范围并编制合并报表，但联邦税务机构在界定子公司合并纳税的条件时使用的却是80%的判断标准。

企业管理层通常不愿意编制合并资产负债表，并利用各种方法避免将负债纳入合并范围，一个著名的例子是可口可乐公司（Coca-Cola Company）1986年推出的“49%方案”。时任首席财务官道格拉斯·伊维斯特（M. Douglas Ivester）通过巧妙的业务安排，将灌装业务51%的股权分拆出去，并组建了可口可乐企业（Coca-Cola Enterprise，CCE）。

通过上述手段，可口可乐公司成功将24亿美元的负债从资产负债表中挪走，并通过保有6个董事会席位而在实质上控制了灌装业务的运营。在可口可乐公司的授意下，可口可乐企业（CCE）进行了大规模的债务融资，为购置独立灌装设备筹集资金，而融资形成的负债并未反映在可口可乐公司的财务报表中。此外，这一结构安排还有助于可口可乐公司提高其向可口可乐企业出售的可乐原浆的价格，从而做大收入规模。[8]

尽管50%的标准饱受诟病，但会计原则委员会没有在其20年的存续期间内着手解决合并报表问题。1982年，财务会计准则委员会开始着手研究合并报表，并最终于20年后发布了研究结果。

1987年10月，财务会计准则委员会发布第94号财务会计准则公告，重申了第51号会计研究公报的要求。根据第94号财务会计准则公告的要求，无论业务性质是否相近，企业都应当合并所有其拥有多数股权的子公司，包括保险公司、房地产企业和租赁公司等。第94号财务会计准则公告实质上是财务会计准则委员会用于遏制表外融资的过渡政策。

债务工具能够为企业带来收益，但20世纪80年代的经验告诉我们，它同时也具有较高的风险性。企业管理层普遍采用了各种手段去规避在财务报表中披露负债，而会计准则制定机构对此却监管乏力，无论是规则导向还是原则导向的会计规则，都难以有效地督促企业确认所有的负债。在互联网泡沫时期，这一问题进一步损害了投资者和债权人的利益。

【注释】

[1] Skeel, pp. 119-121.

[2] Bruck, *Predators' Ball*, pp. 261-262.

[3] Monson, "Conceptual Framework."

[4] Abdel-Khalik, *Economic Effects on Lessees*.

[5] Weil, "How Leases Play a Shadowy Role in Accounting."

[6] Leary, "Factors Influencing the Level of Environmental Liability Disclosure."

[7] *Accounting Trends & Techniques*, p. 76.

[8] Foust and Byrnes, "Gone Flat."

第12章　股票期权

动机是现代社会得以发展的基石。理解并深入探究动机，是解决一切问题的关键。

——史蒂芬·列维特（Steven D. Levitt）和史蒂芬·都伯纳（Stephen J. Dubner），《魔鬼经济学》（*Freakonomics*）

布莱克-斯科尔斯（B-S）期权定价模型是金融史上第三大理论创新。前面章节已经提到，债务工具曾经备受管理层追捧，后又渐被冷落。本章将阐述期权激励计划是如何取代债务工具，而一跃成为20世纪90年代最受欢迎的公司治理手段的。

期权估值的复杂性使得期权的会计处理成了一个十分棘手的问题，而B-S期权定价模型的出现恰好解决了这一长期困扰会计界的难题。但实务界最初并没有接受这一理论，也未将期权激励成本计入利润表。

会计处理规则的缺位对于期权激励工具的广泛推广大有益处。期权是一种杠杆工具，股价的微小变动会对期权价值产生重大影响。此外，股票没有到期日，而期权合同则通常约定了有效期限。持有大量期权的管理层对公司股价短期波动的过分关注在一定程度上酝酿形成了2002年的会计危机。

假设你拥有一座金矿，黄金的开采成本和市场价格均为 400 美元/盎司，因此开采金矿的收益为 0。此时，若你的邻居愿意用 1 美元的价格接手该金矿，你愿意卖给他吗？答案是否定的，因为黄金价格很有可能上涨，届时该金矿将会实现盈利。正是这种上涨的可能性使得金矿价值远远高于 1 美元。

拥有金矿代表了一项期权，矿主享有开采金矿的权利，但没有开采的义务。若金价保持不变或继续下跌，矿主可选择不开采（即不行权）；若金价上涨，矿主就会选择行权并获利。

期权持有者享有在未来以固定价格买卖某项资产的权利。如果标的资产的市场价高于行权价，则持有看涨期权的一方可以通过行权或转让期权合同来获利；如果合同期满时，行权价高于市场价，则合同自动失效。

期权是企业风险管理的常用工具之一。例如，如果一家成长型企业难以确定其未来的土地需求情况，那么，它就可以选择购买一份以土地为标的资产的看涨期权，这样，就可以通过支付一定的期权费来锁定未来某一特定期间的土地价格。公司如果在未来迅速扩张，需要更多的土地，则可选择行权，即按照行权价格购买土地；反之，则可以放弃行权。

为了解决委托代理问题，协调所有者和经营者的利益，公司董事会通常会授予管理层一定的股票期权。一旦股价上涨，期权价值便会随之上升，经营者和所有者都能从这种机制设计中获利。在 20 世纪 80 年代，公司董事会普遍把债务工具用作监督管理层的“大棒”。到了 90 年代，债务工具遭到冷遇，期权遂成为激励管理层的“胡萝卜”。

沿用前面金矿的例子。假设金矿公司的股价为 20 美元，期权持有者有权自授予日起 1 年内以 20 美元/股的价格购买公司股票，如图 12-1 所示。

在图 12-1 中，当市场价格等于行权价格时，期权的行权价值为 0，

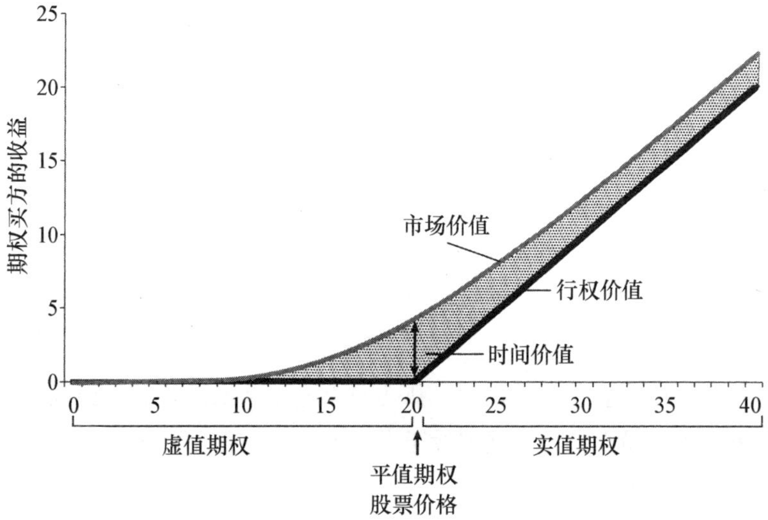

图 12－1　行权期为 1 年、行权价为 20 美元的期权的市场价值和行权价值

但买方仍可以按照 4 美元的价格转让该期权。行权价值和市场价值之间的差额即为未行权合同的时间价值，时间价值的计量是期权会计的难点。

理论界花费了数十年的时间，试图解决这一问题。两位哥伦比亚大学教授在 1933 年的论文中写道："期权交易不够活跃，市场定价机制还未形成。"期权定价问题仍然悬而未决。[1]

1953 年，一位法学家发表评论称，受战时税率和通货膨胀的影响，企业高管的薪资购买力在 1939 年至 1951 年间呈不断下降趋势。因此，作为节税手段的股票期权能够有效弥补管理层因购买力下降而遭受的损失。

遗憾的是，在与证券分析师、投资银行家、期权投资者和保险精算师讨论之后，这位法学家依然没有找到期权的定价方法。他得出的结论是，股票期权的价值是无法估算的。[2]

1970 年，一位会计理论家发表文章称，完美的期权定价模型是不存在的，即便是保罗·萨缪尔森（Paul Samuelson）、罗伯特·莫顿这样的经济学大师也无法准确计算出期权的真实价值。他提出了几种尝试性的估值方法：对比不同时点的市场价格和行权价格；确定可交易期权的市场价值；估算为取得期权所支付的对价。[3]

自 20 世纪 40 年代起，会计准则制定机构一直致力于解决期权的估值问题，尤其是期权激励的成本问题。1948 年 11 月，会计程序委员会公布了第 37 号会计研究公报《股票期权激励的会计处理》(Accounting for Compensation in the Form of Stock Options)。1953 年 1 月，税法调低了部分员工期权激励计划所对应的应纳税所得额，会计程序委员会也随之发布了准则修订案。会计程序委员会认为，股票期权激励属于薪酬支出的一部分，期权激励费用的低估会导致净利润的高估。

一方面，会计程序委员会认为，期权具有除时间价值以外的其他价值。但另一方面，会计程序委员会又声称，当期权不能对外转让时，其他价值是难以衡量的。因此，若股票在授予日的市场价格与公允市场价值相等，则企业无须确认期权激励费用。

安达信会计师事务所 1960 年 9 月的一份报告称，授予日的股票价格与行权价格之间的差额低估了企业的期权激励成本，降低了财务报告的有用性。一个更为合理且具有可操作性的方法是，按照行权价格和预计的可行权日股票价格之间的差额来确认期权激励费用。[4]

1969 年 3 月，会计原则委员会着手研究可转换债券（即在发行企业债券的同时附上期权合同，授予债券投资者以特定价格将债券转换为公司股票的权利）的会计处理方法。一个极具争议的问题是可转换债券究竟属于债务工具还是属于由债券和看涨期权构成的混合工具。

员工的股票期权在授予日通常为平值期权，作为对比，可转换债券的转股价格通常高于债券发行时的股票市价。可转换债券授予债券购买者一份以公司股票作为标的资产的看涨期权，作为交换，其债券率相对较低。

会计原则委员会公布的第 14 号意见书《可转换债券和附认股权证的债务的会计处理》(Accounting for Convertible Debt and Debt Issued with Stock Purchase Warrants) 规定，在缺乏相似期权的市场价格信息的情况下，可转换部分的估值往往只能借助于主观判断。既然无法准确计算期权的价值，因此，为谨慎起见，企业不应当把可转换债券的发行收益视作期权价值。

1972 年 10 月，就在 B-S 期权定价模型公开发表的数月前，会计原则委员会公布了第 25 号意见书《员工持股计划的会计处理》（Accounting for Stock Issued to Employees）。该文件对此前会计程序委员会发布的第 37 号会计研究公报作了技术性调整，但依然要求企业按照授予日的股票价格和行权价格之间的差额计量期权价值。

根据第 25 号意见书的要求，对于平值期权而言，企业无须按照期权的时间价值确认激励成本。在会计原则委员会的 18 位委员中，有 6 人对第 25 号意见书投了赞成票，3 人投了反对票。值得注意的是，曾负责审计通用汽车等大型企业的哈斯金斯·塞尔斯会计师事务所合伙人奥斯卡·格林（Oscar Gellein）坚持认为，期权估值问题是有望得以解决的。[5]

1973 年春，事情开始出现转机。4 月 26 日，芝加哥期权交易所成立。随后，经济学家费希尔·布莱克（Fischer Black）和迈伦·斯科尔斯（Myron Scholes）的研究成果《期权和公司负债的估值》（The Pricing of Options and Corporate Liabilities）在《政治经济学杂志》（*Journal of Political Economy*）月刊上公开发表，他们利用随机微积分和物理学上的热量传递原理解决了期权的定价问题。[6]从此，实务界拥有了标准化期权合约的交易市场和可操作性较强的估值工具。

期权合约是一种杠杆工具，股票价格的小幅波动会对期权价值产生巨大影响。B-S 期权定价模型的思路，是将期权价值分解为若干个部分，并根据复制原理构造复制策略。例如，将期权价值分为两部分，并构造股票和借款（借款利率为 10%）的组合，使得该组合的收益率与期权的收益率相等。

假设金矿企业的股价为 20 美元/股，当期未宣告股利。股票回报的标准差为 40%（例如，1 年后股价落在 12 美元（20－40%×20）和 28 美元（20＋40%×20）之间的概率为 2/3）。

假设员工在 1 年内行权，若股价上升，则公司的期权激励成本为 8 美元（即未来期间的市场价格 28 美元减去行权价格 20 美元）；若股价下跌，则员工放弃行权，期权合同失效，企业不发生任何费用，如图 12－2 所示。

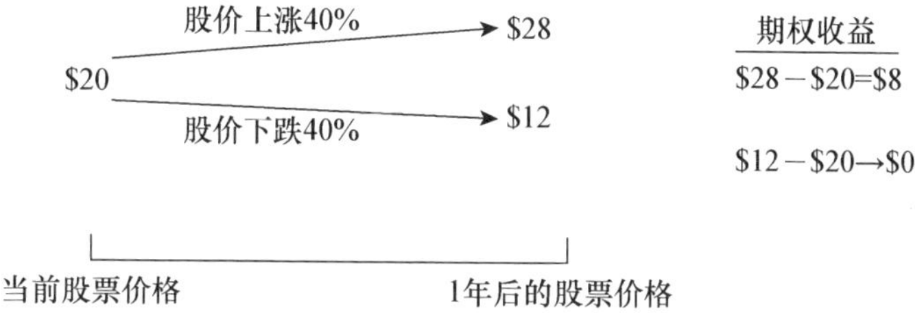

图 12－2　看涨期权的损益示意图

我们可以用股权投资和借款的组合来复制该项期权的现金流情况。

设 d 代表复制策略中的股票数量；PV 代表复制策略中借款的现值。

相关等式如表 12－1 所示，由两个等式可以解出两个未知数。

$$\text{期权价值}=\text{当前股票价格}\times\text{股票数量 } d-\text{借款现值 } PV$$
$$=20\times0.5-5.45=4.55(\text{美元/股})$$

表 12－1　　期权价值的计算：用两个等式求解两个未知数

股价变动情况	期权收益	等式变形	未知数求解
上涨	$28d-1.10PV=\$8$	$\rightarrow 28d-1.10PV=8$	
下跌	$12d-1.10PV=\$0$	$\rightarrow -12d+1.10PV=0$	
		$16d\quad=8$	[$d=0.5$，$PV=5.45$]

计算结果显示，根据模型估计的期权价值大约为 4 美元。实践中，各类限制性条款使得员工期权激励的计量更为复杂，例如：员工不得将期权转卖给第三方；在可行权日前离职的员工不得享受期权奖励；禁售期内不得转让股票等。这些限制性条款通常会导致期权的真实价值低于模型估值。

如今，B-S 期权定价模型极大地降低了期权估值的难度，相较于养老金会计和所得税会计，期权的会计处理简单多了。企业再也不能以估值问题为借口去规避确认期权激励费用了。

随着 1993 年税法修订案的通过，期权激励工具得到进一步推广。根据税法第 162（m）条的规定，自 1994 年起，上市公司支付给首席执行官等高级管理人员的工资费用可以税前扣除，但扣除限额不得超过 100 万美元，超过的部分将由征税机关根据当期利润来判断是否符合纳税抵扣的标准。股票期权激励费用恰好满足这一条件。

对于那些资金短缺但又迫切希望吸引并留住高端人才的科技型企业而言，股票期权激励计划是不二之选。这种薪酬模式源于 1986 年的硅谷，在那一年，甲骨文（Oracle）、太阳微系统、Silicon Graphics、Adobe Systems、Informix、微软等公司相继上市[7]，数以千计的企业管理人员受益于股价上涨而成为百万富翁。

大量的创业企业使用了期权激励计划来吸引人才。据估计，1985 年，公司用于期权奖励的股票价值共计 600 亿美元，12 年后，这一数字飙升至 6 000 亿美元。[8]1970 年，首席执行官的平均薪酬是工人工资的 39 倍，到了 1999 年，期权激励计划的存在导致这一倍数增加至上千倍。[9]

在金矿企业的例子中，假设董事会向部分有潜力的员工授予了 100 000份期权，行权价格为 20 美元。若股价上升至 30 美元，则员工可以选择行权，并将获得的股票在证券市场上出售，从而获得数百万美元的税前收益。根据第 25 号意见书的要求，该企业无须确认薪酬费用。

第 25 号意见书能够较好地迎合各方需求：管理层获得了财富，股东通过有效的激励促使员工更好地为公司服务，财务部门避免确认薪酬费用。期权激励非但不会对每股收益产生不利影响，反而能够通过税前扣除而减少企业的纳税义务。然而，会计界人士认为，该项会计规则无法反映真实情况。

一种更为合理的处理方法是将 400 000 美元的薪酬费用估计数（100 000 份期权乘以授予日估计的期权价值 4 美元）在期权合同的等待期内分摊。如前所述，员工期权合同存在诸如流动性不足等限制条件，因此期权价值理论上应当低于 4 美元。

值得肯定的是，会计准则制定机构没有放弃对期权定价问题的研究。1984 年，财务会计准则委员会把股票期权会计规则作为重大问题列入研究议程，并展开了为期 9 年的研究工作。1993 年 6 月发布的征求意见稿提出，除授予日的市场价格和行权价格的差额外，期权还具有其他可计量的价值，期权价值应当在等待期内合理地分摊至费用。

这份征求意见稿触及了很多群体的利益。高科技企业提出，该项处理规则会降低企业的会计利润，进而影响企业的股票价格；雇员们纷纷表示，一旦强制要求确认期权激励费用，企业在考虑是否使用期权激励时就会有更多顾虑了，这很可能会使得员工无法再享受到类似 1986 年那样丰厚的奖励了。财务会计准则委员会在康涅狄格州和加利福尼亚州举办了为期 6 天的公众听证会，共收到1 786份反馈意见。

1994 年 3 月 25 日，一场关于股票期权会计规则的听证会在圣何塞会议中心（San Jose Convention Center）举行，参会人数有 3 000 余人，其中，有很多代表对征求意见稿提出了反对意见。加利福尼亚州财长兼州长候选人凯瑟琳·布朗（Kathleen Brown）表示，股票期权有望成为助推加利福尼亚州经济腾飞的引擎，会计准则制定机构应当给股票期权的会计处理“松绑”。有学者指出，社会公众一致反对一项具体的会计规则这在历史上尚属首次。[10]后来，参议院在一份不具有约束力的决议中指出，财务会计准则委员会不应更改原有的已被社会广泛接受的股票期权会计处理规则。[11]

1995 年 10 月，财务会计准则委员会经过数轮会议讨论，最终发布了第 123 号财务会计准则公告《股份支付的会计处理》（Accounting for Stock-Based Compensation）。该准则第 60 段指出，股票期权会计规则存在巨大争议，直接威胁到财务会计准则委员会和某些利益集团的合作基础。因此，财务会计准则委员会在部分问题上作出了让步。

按照第 123 号财务会计准则公告的要求，企业可以利用期权定价模型估算期权价值，并选择以下两种核算方法之一进行处理：(1) 将期权的估算价值在员工的服务年限内进行摊销，并计入各年费用；(2) 按照第 25 号意见书的规定进行处理，并披露反映期权价值和期权费用的备考盈余。

财务会计准则委员会之所以允许同时存在两种处理方法，不是因为这么做能够提升财务报告质量，而是为了平息争议。亚瑟·莱维特 (Arthur Levitt) 后来坦言，要求财务会计准则委员会取消期权薪酬费用化的规则，是他担任美国证监会主席期间所犯的最大错误。[12]

2001 年，99%的《财富》500 强公司设有员工期权激励计划[13]，但只有波音公司和温迪克西百货 (Winn-Dixie) 确认了期权激励费用。不幸的是，后来波音公司陷入了合同纠纷和性丑闻，而温迪克西百货则宣告破产。可见，规范的会计处理并不能完全保证企业能够成功。

在 2001 年的财务丑闻风波中，超过 750 家上市公司自愿采用或宣布愿意采用公允价值会计。2000 年 2 月，国际会计准则委员会 (International Accounting Standards Board，总部设在伦敦) 公布了第 2 号国际财务报告准则 (International Financial Reporting Standard)，要求企业在利润表中确认期权激励费用。

在美国，财务会计准则委员会也重整旗鼓，于 2004 年 12 月公布了第 123 号财务会计准则公告的修订案《股份支付》(Share-Based Payment)，要求企业采用期权定价模型估算期权价值，并在员工服务年限内将其合理地分摊计入各年的费用。这份准则修订稿标志着美国证券市场上的会计准则向着国际趋同迈出了重要一步。

上述事实充分表明，企业管理层依然十分重视会计利润，比较轻视经济学界的研究结论。美国证监会要求企业自 1992 年起披露期权激励计划的内容和期权到期日，于是学术界便可据此推算企业期权激励计划的时间表。研究表明，企业管理层普遍存在择机行为，即根据消息的好坏和股权激励计划的推出时间来确定会计信息披露的时间，以此来影响投资者的预期。

具体而言，企业往往会在推出期权激励计划之前披露坏消息，从而压低股价，在薪酬总额不变的情况下，股价的下跌会导致所授予股票期权数量的增加。反之，企业通常将好消息的发布推迟至期权激励计划公布以后，从而避免因股价上涨导致的所授予股票期权数量的减少。[14]

在一场由财务会计准则委员会举办的听证会上，有学者提出，学术研究表明会计规则变更不会对股票市场产生影响。家得宝公司董事长对此提出质疑，他说："你们不要用各种理论和逻辑来混淆视听，我是要跟华尔街打交道的，资本市场在很大程度上是受主观情感因素支配的。"[15]可见，任何理论都无法让这位企业家相信股票市场是完全有效的。

有两位学者对 2002—2003 年间的 54 家企业进行了深入调查，试图探究期权费用化对股票价格的影响，结果表明，该项会计处理使每股收益降低了 13%。一项早期调查显示，86%的学者认为会计规则的变更不会影响公司股价。

他们的研究结果佐证了学者们的观点，即没有证据表明期权激励费用会对股价产生显著影响，进一步地，个股的股价变动和每股收益的下降幅度之间不存在显著的相关关系。[16]该结论和芝加哥大学的研究结论基本一致，即资本市场可以识别企业的报表粉饰行为。

2005 年，大量使用期权激励工具的网络技术供应商思科系统公司（Cisco System）与摩根士丹利合作，试图计算期权价值中难以计量的那部分价值。它们提议设计一种权证，使其行权价格、等待期、限售条件及结算方式均与思科系统公司的员工期权合约保持一致，并邀请 15 位不存在利害关系的金融机构理财经理对该类权证进行竞标，从而以竞标产生的竞价作为期权激励费用的计算基础。

20 世纪 80 年代债务工具的广泛应用使得这一"大棒"的缺陷暴露无疑，90 年代股票期权的使用则凸显了"胡萝卜"所存在的问题。迄今为止，没有人能提出简单可行的期权估值模型。无论是期权会计准则制定过程中所遇到的阻力，还是拥有期权激励计划的企业所采取的记账行为，都充分说明了会计准则制定过程的政治属性。

【注释】

[1] Berle and Means，pp. 180−183.

[2] Dean，“Employee Stock Options.”

[3] Hendriksen，p. 532.

[4] Arthur Andersen & Co.，*Accounting and Reporting Problems*，p. 59.

[5] APB，Opinion 25，paragraph 20.

[6] Black and Scholes，“Pricing of Options and Corporate Liabilities.”

[7] Fox，“Next Best Thing.”

[8] Ibid.

[9] Skeel，p. 152.

[10] Lowenstein，p. 44.

[11] FASB，Statement 123，paragraph 376.

[12] Schneider，“Who Rules Accounting?”

[13] Silva and Finnegan，“Analytical Implications.”

[14] Aboody and Kasznik，“CEO Stock Option Awards.”

[15] Fox，“Next Best Thing.”

[16] Garg and Wilson，“Expensing of Options.”

第 13 章　会计盈余

在 20 世纪 90 年代，评判一家公司是否成功，最简单、最直观、最残酷的标准是：上一季度是否盈利？

——贾斯汀·福克斯（Justin Fox），《财富》，1997 年 3 月 31 日

如前所述，有效市场假说、资本资产定价模型和 B-S 期权定价模型等学术研究成果并未能改变企业管理层的观点。他们坚持认为：（1）投资者可以被财务报告所愚弄；（2）盈余波动是企业衰退的征兆；（3）期权激励的成本接近零。

一些专门搜集利润预测数据的机构的出现，显著地提升了市场预期利润（consensus earnings）这一指标的重要性。管理层为了提高公司的股票价格，进而增加期权激励的价值，便纷纷开始运用会计手段来冲击季度利润目标。

收入和费用的差额，在一定程度上反映了企业在特定报告期间内能够从交易活动中取得的现金，因此，利润表通常是财务报表使用者分析企业偿债能力和股利支付能力的起点。利润预测是信贷决策和股票投资

决策的核心，其关键在于确定哪些利润能够在未来期间得以实现。

在本章中，盈余和利润系同义语，是指会导致企业财富增长的经济利益的净流入。打个比方，这就像一个浴缸，浴缸里的水代表企业某个时点的财富，进水口代表收入和利得，出水口代表费用和损失，进水和出水的相对速度决定了特定时期内浴缸水位的变化，盈余是指高于初始水位的那部分进水量。

利润是财务报告中最重要的指标，股权投资者常常根据企业的盈利前景进行证券投资决策。从较长的时期来看，股票回报能够在很大程度上被同时期的累计盈余所解释，作为对比，股利、现金流、资本成本等因素对股票回报的解释力十分有限。[1]

为了评估企业的盈利能力，投资者往往把近期的利润数据用作利润预测的起点，并将其分解成几个独立的部分。表 13－1 展示了一部知名的会计教材所介绍的利润分析框架。

表 13－1　　基于盈利能力分析的利润分解框架

	经常性的	非经常性的
主要的	核心产品的销售利润	停产产品的销售利润
次要的	闲置资金产生的利息收入	火灾保险理赔款

资料来源：Inspired by Stickney and Weil，p. 687.

那些能够在未来期间实现稳定增长的会计利润最受投资者青睐。有的企业通过金融活动赚取的利润超过了其生产经营活动所创造的利润，但投资者往往更关心企业的核心经营业务是否能够实现盈利。如表格左下角所示，对于投资者而言，某些活动虽然经常发生，但由于并非企业的核心经营业务，因此其产生的利润并不重要；而对于表格右侧的利润项目，投资者几乎不怎么关注。

企业管理层常常试图通过操纵收入、费用的分类来影响金融分析师对企业盈利能力的评价，例如，有的将某些事项所产生的费用列入了非经常性损益，借此表明未来期间的利润不会受该类事项的影响。1989 年，埃克森石油公司就把瓦尔迪兹号油轮漏油事故的清理费用以意外支出的名义列在利润表里了。[2]然而，对于非经常性的收入或利得（如因有利的诉讼判决或资产处置而产生的收入），企业的会计处理可能就会反其道而行之了。

会计准则制定机构很早就意识到，投资者对经常性损益和非经常性损益的重视程度是不同的。1947 年 12 月，会计程序委员会公布第 32 号会计研究公报《收益与盈余公积》（Income and Earned Surplus），给出了利润分类列报的标准，以期提高利润表的有用性。利润列报的目标之一是“杜绝任何形式的利润均等化行为”，即遏制企业的利润平滑行为。[3]外部利益相关者希望获得未经修饰的利润数据。

会计程序委员会试图将营业利润和非经常性损益区分开来。营业利润是指那些经常发生的、可预测的、常规的经营活动所产生的利润，而非经常性损益往往是偶然发生的，难以预测。根据第 32 号会计研究公报的要求，非经常性损益的列报有两种形式：一是在利润表中予以单独列报；二是直接以净额计入所有者权益。

会计程序委员会指出，新闻媒体、投资服务机构对企业年度报告中披露的每股收益（EPS）数据极其重视，有鉴于此，如果企业的净利润中包含有大额的非经常性损失，企业管理层就应当披露该项损失对每股收益的影响。

在接下来 20 年的时间里，越来越多的人开始关注新闻报道、金融分析师的评论以及企业的对外报告，这些信息往往是高度概括的。此时，相较于会计确认和计量问题，会计准则制定机构对会计列报问题给予了越来越多的关注，它们担心股东和债权人会被高度概括的利润数据所误导。

会计程序委员会的后继者——会计原则委员会继续致力于解决这一问题，它发布了一系列与利润列报相关的意见书，详见表13-2。

会计原则委员会要求企业把非经常性损益的税后净额在利润表中予以单独列报，在极少数情况下甚至可以不经过利润表，而是将其直接计入所有者权益。

表 13-2　会计原则委员会发布的与利润列报相关的意见书

意见书	发布日期	标题
9	1966 年 12 月	《非经常性项目，以前年度调整和每股盈余》(Extraordinary Items, Prior Period Adjustments, Earnings per Share)
15	1969 年 5 月	《每股盈余》(Earnings per Share)
20	1971 年 7 月	《会计变更》(Accounting Changes)
28	1973 年 5 月	《中期财务报告》(Interim Financial Reporting)
30	1973 年 6 月	《分部的终止经营和非经常性的交易》(Segment Disposal; Extraordinary, Unusual, and Infrequent Transactions)

为了增强企业间利润数据的可比性，会计人员和分析师通常会考虑计算并比较它们的每股收益。每股收益等于会计利润除以发行在外的普通股股数之商，它能够近似地反映投资者对企业利润增长前景的预期，该比值越高，说明市场预期越乐观，投资者的热情越高涨。

有些企业长期将每股收益作为补充性指标进行披露。1966 年发布的第 9 号意见书首次规定了该指标的计算方法，这也是公认会计原则中唯一一份主要阐释单一比率的计算方法的规则。[4]财务会计准则公告第 95 号明确禁止企业披露每股现金流量信息。[5]

每股收益的计算是一个十分复杂的问题，主要体现在以下三个方面。首先，分子——会计利润是特定期间内的流量值，而分母——普通股股数是某一时点的存量；其次，会计利润中包括有偶然发生的非经常性损益；最后，企业发行的优先股、可转换债券及其他附有股票期权的证券等未来都可以转换为普通股，进而影响发行在外的普通股股数。

每股收益将企业特定期间内的经营成果浓缩为一个简单的数字，是财务报告中具有高度概括性的“终极指标”。为了规范每股收益的计算方法，会计准则制定机构发布了一系列包含有较多主观因素的会计规则。

每股收益数据在投资领域具有举足轻重的地位。20 世纪 60 年代初，一位会计师事务所合伙人曾在公开场合表示："帮助客户准确计算每股收益难道不是我们的职责吗?"[6]天纳克公司（Tenneco）的总裁在 1994 年的年度报告中称，公司的主要目标是实现每股收益的持续增长。同年，美国银行（Bank of America）的总裁表示，不断增长的每股收益是企业的终极追求。2000 年，安然公司在致股东的信中承诺，公司将想尽一切办法提高每股收益。

单一的每股收益数据难以说明多少问题，财务报表使用者需要参考其他指标来评价企业的业绩，最常见的比较标准包括"零"（即盈利还是亏损）、"上一年度同期的每股收益"（即利润增长了还是下降了）以及"市场期望的每股收益"（即是否达到了金融分析师的预期值）。

1970 年，证券经纪商——林奇·琼斯和瑞安公司（Lynch，Jones & Ryan）开始着手搜集分析师们对企业的利润预测信息，并于 1972 年在名为"机构经纪人预测系统"（Institutional Brokers Estimates System，I/B/E/S）的时事通讯月刊上公布了近 600 家公司的利润预测数据。1978 年，来自芝加哥的分析师伦纳德·扎克斯（Leonard Zacks）成立了扎克斯投资研究公司（Zacks Investment Research）。随后，很多公司纷纷效仿。1984 年，有 9 家经纪公司联合成立了第一呼叫公司（First Call）。[7]

作为信息的集散中心，这些机构常常对外发布企业的盈余意外数据，即当期每股收益与其预期值之间的差额。到了 20 世纪 80 年代末，互联网的快速发展使得信息能够在更广的范围内传播。在这样的背景下，利润更是被视为评价企业经营业绩的唯一标准，盈利便意味着成功，亏损则意味着失败。美林证券（Merrill Lynch）1994 年的调查表明，半数以上的理财经理在进行投资决策时会参考盈余意外数据。如此一来，发布这些数据的机构无疑会对公司的财务报告行为产生巨大的影响。[8]

截至 1996 年年底，微软在过去的 42 个季度中，有 41 个季度的会计利润达到或超过了分析师的预期，从而成了全世界最有价值的企业。若市场对利润的预测是无偏的，则实际利润超过预期目标的概率应当为 50%，但实际情况远非如此。在 1997 年《财富》杂志评选出的 10 大最受尊敬企业中，有 7 家企业在 5 年中有超过 5 次的季度利润低于预期值的情况。[9]

20 世纪 90 年代，衡量企业成功与否的终极标准变成了考察企业是否实现了利润的稳定增长，因此，管理层会想尽一切办法，让会计利润刚好达到或略微超过预期值。若当期利润远高于预期值，外部投资者就会因此提高预期，这无疑会加大管理层在下一年度的盈利压力。若当期利润未超过预期值，管理层通常会调整应计盈余（如减少坏账损失的确认额），从而增加利润。

盈余管理是指管理层根据意图确认损益以实现利润平滑的行为。[10]图 13 - 1 就是一个典型的例子。

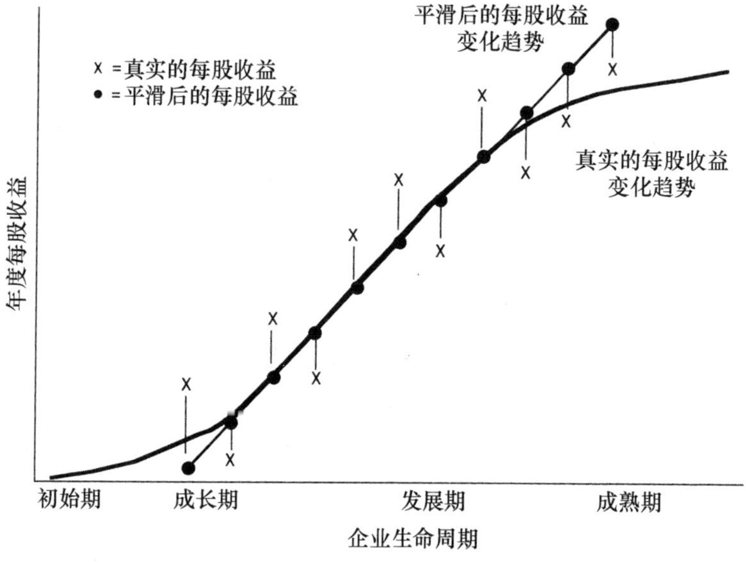

图 13 - 1　利润平滑示意图

没有一家企业能够永远跑赢美国经济，否则它就代表了美国经济。步入成熟期以后，企业的真实利润会出现不同程度的下滑，但投资者根据线性的利润增长轨迹所计算出的预计利润却有增无减。为了实现利润平滑，企业管理层不得不继续满足越来越离谱的利润预期。

20 世纪 90 年代初，企业管理层面临着维持公司股价的巨大压力。IBM 的约翰·阿克斯（John Akers）、西屋电气（Westinghouse）的保罗・莱格（Paul Lego）、美国运通（American Express）的詹姆斯・罗宾森（James D. Robinson）以及通用汽车的罗伯特・斯坦普尔（Robert Stempel）先后因股价下跌而被董事会解职。[11] 此外，美国证监会要求上市公司对外披露近 5 年的经营业绩和股票回报及其与行业数据、市场数据的对比情况，这无疑进一步加大了管理层的压力。

如何长期保持利润的稳定增长是 20 世纪 90 年代的企业面临的共同难题，作为对比，在 20 世纪 20 年代股市泡沫时期，企业都没有面临这样的压力。越来越多的经理人难以获得职业晋升，一些来自高新技术行业的管理者脱颖而出，他们依靠经营管理活动而非会计手段来创造财富。[12]

针对 1947—1966 年间利润数据的时间序列分析的结果表明，尽管 20 世纪 50 年代出现了基于会计利润的薪酬激励计划，但各期利润仍是随机波动的。[13] 1983 年，通用汽车公司的财务总监在一篇文章中写道："监管部门和新闻媒体夸大了盈余管理问题的严重程度。"[14]

到了 20 世纪 90 年代，随着通用电气公司等蓝筹股的大获成功，上述情况发生了变化。时任通用电气公司首席执行官杰克・韦尔奇（Jack Welch）通过有效的业务整合与人才管理，缔造了现代商业史上最伟大的神话。表 13 - 3 展示了通用电气的不俗业绩。

表 13 - 3　　通用电气长期稳定的利润增长提升市场估值

年份	稀释每股收益	市盈率	年末股票收盘价	指数表现	
				通用电气	标准普尔 500 指数
1990	$0.40	12.0	$4.78	100	100
1991	0.25	25.5	6.38	133	126
1992	0.49	14.5	7.13	149	132
1993	0.42	20.8	8.74	183	141
1994	0.58	14.7	8.50	178	139
1995	0.65	18.5	12.00	251	187
1996	0.73	22.6	16.48	345	224
1997	0.83	29.5	24.46	512	294
1998	0.95	35.8	34.00	711	372
1999	1.09	47.3	51.58	1 079	445
2000	1.29	37.2	47.94	1 003	400

资料来源：Computed from data in company annual reports and Yahoo! Finance.

不断上升的市盈率（P/E）表明，华尔街十分认可通用电气的业绩表现。高盈余和高市盈率的双重影响使得通用电气的股票估值屡创新高。1998 年，在《财富》杂志评选的最受尊敬企业中，通用电气名列榜首。面对全球化带来的政治风险、外汇风险和经济风险，通用电气各季度的利润表现依然超出预期。对此，一些分析师开始提出质疑，有评论指出，通用电气可能存在通过操控利得和损失的确认时间来实现利润平滑的行为。

通用电气在 2001 年致股东的信中称："我们专注于经营管理，而非盈余管理。"然而，韦尔奇在自传中曝出的一段轶事充分表明，这句话是冠冕堂皇的说辞。1994 年 4 月，由于一位交易员的违规操作，通用电气旗下的基德尔皮博迪公司（Kidder Peabody）不得不确认 3.5 亿美元的损失。对此，韦尔奇在自传中写道：

> 各位业务主管对这场危机的反应充分体现了通用电气的企业文化。尽管当季账目已经结清，但许多主管依然表示愿意抽出 1 000 万美元、2 000 万美元，甚至 3 000 万美元的资金，来帮助弥补基德尔皮博迪公司的缺口，以期降低该事件对市场的冲击。他们热心帮忙的态度与基德尔皮博迪公司员工的托词形成了鲜明对比。[15]

期权激励计划的广泛运用是通用电气取得成功的重要因素之一。前已述及，期权是一种杠杆工具，股票价格的微小波动会导致期权价值的巨大变化，因此，持有大量期权的管理层对股票价格波动十分敏感。研究表明，企业管理层持有的股权激励越多，越倾向于报告超出市场预期的利润。[16]

大量研究发现，利润的长期稳定增长能够帮助公司获得较高的市场估值，因此，企业有强烈的动机通过盈余管理来避免利润下滑或亏损。进一步地，股票溢价会随着时间的推移而不断上升[17]，利润超出市场预期的企业比利润未达到预期的企业更容易获得较高的股票回报。可见，有效的盈余管理和投资者期望管理能够帮助公司获得更高的估值溢价。[18]

随着一些专门搜集、整合预期利润信息和盈余意外数据的机构的出现，人们对每股收益指标的关注度达到了近乎病态的程度。一项针对 400 名企业高管的调查显示，绝大多数受访者都承认存在递延确认维修费用或广告费用的行为，有时甚至会为了避免每股收益的波动而放弃一些优质的投资项目，因为一旦每股收益数据不符合市场预期，公司股价将会大幅下跌。[19]

一位职业经理人表示，在经济风险、政治风险和业务风险等多重风险的影响下，企业要想利用会计手段做出超出市场预期的利润，其难度不亚于驾驶一架 747 飞机在一枚邮票上着陆。

投资者笃信，实际每股收益与市场预期值之间的差额具有十分重大的意义，若实际值高于预期值，哪怕差额只有 1 美分，也能在一定程度上表明该企业的运行是相当令人满意的；反之，若实际值低于预期值，则表明企业运行存在严重问题。蟑螂理论告诉我们，如果你发现了一只蟑螂，那就意味着墙后面很可能有上百只蟑螂。同理，如果利润低于预期目标，这就足以证明企业已经失去了对经营活动的有效控制。

每股收益数据的日益受重视，引发了一系列问题。卖空者往往会充分利用投资者对每股收益数据的关注度来谋利，他们先是恶意散播谣言，借以提升市场预期，从而致使公司的会计利润根本无法达到预期，公司股价应声下跌，卖空者然后就可赚个盆满钵满。

一些财务专家因为成功帮助企业做到了利润借以稳定增长而成为各大财经杂志的明星。1998 年《首席财务官》(*CFO*) 杂志将“年度最杰出人物奖”颁给了世通公司首席财务官斯科特·沙利文 (Scott Sullivan)，1999 年颁给了安然公司的安德鲁·法斯托 (Andrew Fastow)，2000 年颁给了泰科公司 (Tyco) 的马克·斯瓦茨 (Mark Swartz)[20]——他们三人后来都遭到了联邦政府的指控。

1998 年 9 月 28 日（星期一），时任美国证监会主席亚瑟·莱维特在素有“现代会计教育发源地”之称的纽约大学发表了美国会计史上最具影响力的演说。他猛烈抨击了会计领域盛行的“数字游戏”，即管理层为了提高股票价格和期权价值，利用会计手段平滑利润，想尽一切办法使得会计利润超出市场预期的做法，例如，很多公司都曾通过设置准备金账户、操纵非经常性项目等方式来掩盖真实的业绩波动。[21]

莱维特指出，那些没有操纵利润数据的公司反而受到了惩罚。以《财富》500强公司为例，有些公司的实际利润虽然仅仅是稍稍低于预期目标，但股票市值的缩水幅度却高达6%。他认为，会计信息披露的严重不足使得任何一点点预期之外的坏消息都会让投资者陷入恐慌，因此，企业应当加强信息披露，提高会计信息透明度。

随着21世纪初的一系列会计丑闻的曝光，每股收益数据最终也“走下神坛”。根据第一呼叫公司对道琼斯工业指数的30家成分企业的调查，1998年，利润超出预期的企业在报告日的股价提高了0.78%，而这一数据在2004年仅为0.15%。[22]

进一步的证据表明，每股收益指标逐渐褪去了往日的光环，有人曾统计了“每股收益”（earnings per share）和“预期利润”（earnings estimate）这两个词汇在《华尔街》杂志中出现的频率，结果详见图13-2。

随着会计丑闻的频繁曝光，上述词汇的出现频率逐年减少，利润数据的重要性也不断降低。2003年，一位观察员作出如下评论：

> 这一切太荒谬了！分析师和投资者们将是否实现预期利润作为评价企业经营业绩的唯一标准，若利润达到或超出预期，表明未来利润将进一步增长；反之，表明企业已经黔驴技穷，未来可能会出现衰退。这种奇特的逻辑直接导致了资本市场的“怪象”——只要利润未超出预期，股价就会下跌20%，甚至30%。
>
> 问题的关键在于，公认会计原则下的利润仅仅是一个估计数，因此，过度依赖公认会计原则会带来很多问题。监管机构应当改变证券立法和监管的思路，鼓励企业以其他形式披露各类财务与非财务信息。[23]

企业管理层夸大了会计利润的重要性，事实上，利润本身并没有那么重要。

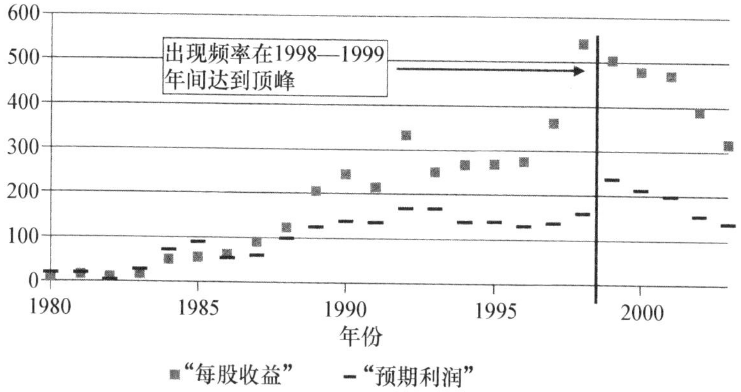

年份	[1]	[2]	年份	[1]	[2]
1980	9	19	1992	333	167
1981	15	19	1993	250	168
1982	10	3	1994	266	138
1983	16	27	1995	268	139
1984	49	71	1996	275	130
1985	55	89	1997	362	137
1986	61	54	1998	541	159
1987	90	60	1999	504	237
1988	123	98	2000	479	212
1989	205	125	2001	470	198
1990	243	138	2002	390	154
1991	215	136	2003	316	138

《华尔街日报》中出现以下词汇的文章数量：

[1] “每股收益” 或 “EPS”。

[2] “预期利润”。

图 13－2　“每股收益”和“预期利润”在《华尔街》杂志中出现的频率

资料来源：Factiva.

无独有偶，备考盈余（pro forma earnings）的发展历程和每股收益有着惊人的相似之处。“pro forma”为拉丁语，译为“形式上的，预计的”。备考盈余是指根据某些特定的假设条件所计算出来的利润，如发生并购业务或会计政策变更等。

20 世纪 90 年代，一些科技型企业除了公布以公认会计原则为基础编制的财务报告外，还对外披露了备考盈余信息。备考盈余的计算通常以会计利润为基础，剔除商誉等无形资产的摊销费用、股权激励费用，以及与并购相关的成本等项目。在当时，备考盈余的金额一般高于公认会计原则下的会计利润。[24]

电信公司的基础投资规模较大，其折旧费用长期居高不下。为了掩盖折旧费用、美化报告业绩，华尔街的金融家们设计出了息税折旧摊销前利润（EBITDA）这一指标，并大肆鼓吹该指标的科学性。但这项指标却常常被巴菲特批评，他质问道："如果企业的收入不用来弥补折旧摊销等费用，难道要让牙仙来弥补吗?"

备考盈余指标的支持者认为该指标可以提供更多有用的信息，而反对者则认为它掩盖了企业的真实业绩。企业对外披露备考盈余信息时，无须遵循公认会计原则。

以奎斯特通信公司（Qwest Communications）公布的 2000 年年度财务报告为例。2001 年 1 月 24 日，奎斯特公司发布了 2000 年第 4 季度的利润数据，该数据并不是按照公认会计原则计算出来的净利润，而是扣除非经常性损益后的备考盈余。对此，安达信出具了无保留审计意见。1999—2000 年间，奎斯特通信公司根据备考盈余计算的每股收益从 0.39 美元增加到 0.59 美元，涨幅达 51%。可见，这一年对于奎斯特通信公司而言非比寻常。

2001 年 3 月 16 日，奎斯特通信公司向美国证监会提交了 2000 年的 10－K 表格。以公认会计原则为基础编制的利润表显示，稀释每股收益从 1999 年的 1.52 美元减少至 2000 年的 0.06 美元，净利润的涨幅也远远低于 50%，就好像忽然蒸发了一样。这一做法引起了美国证监会的不满。2003 年 3 月，美国证监会颁布 G 法规（Regulation G），要求上市公司编制备考盈余和会计利润的调节表。

息税折旧摊销前利润和备考盈余指标是否会损害公众投资者的利益，这一问题至今仍存在争议。有学者对比分析了披露备考盈余的企业和未披露备考盈余的企业的股价变动，发现二者之间并不存在显著差异。换句话说，备考盈余没有为投资者提供增量信息。[25]

管理层进行盈余管理的根本目的在于降低股权融资的资本成本。提高盈余持续性能够有效满足投资者的需求，降低股权资本的必要报酬率，而资本成本的下降有利于未来的生产经营活动，因而能够进一步提升股票价格。已有研究探讨了 7 项会计信息质量特征和股权资本成本的关系，结果表明，高质量的盈余信息（如未被人为操纵的应计盈余）具有较高的可预测性和持续性，其与股权资本成本的相关关系最为显著。[26]

确认应计费用并不一定会带来不利的结果。1990 年 12 月发布的第 106 号财务会计准则报告《除养老金外的退休福利会计》（Employers' Accounting for Postretirement Benefit Other Than Pensions），要求企业停止以收付实现制为基础确认退休医疗福利费用，改为采用权责发生制。1991 年 3 月，IBM 因执行此项准则而确认了 23 亿美元的费用，并首次出现了季度亏损[27]，但资本市场并没有对此作出反应，也没有人煽动其放弃该项医疗福利计划。

【注释】

[1] Degeorge, Patel, and Zeckhauser, "Earnings Management" and Hirst, pp. 45-56.

[2] Hirst and Hopkins, pp. 34-35.

[3] CAP, Bulletin 32, paragraph 2.

[4] Hendriksen, p. 551.

[5] Ameen, "Six Sigma. Accounting."

[6] Tietjen, "Financial Reporting Responsibilities."

[7] Berenson, *The Number*, p. 92.

[8] "I/B/E/S for Academic Users."

[9] Fox, "Learn to Play the Earnings Game."

[10] Hirst and Hopkins, p. 47.

[11] Lowenstein, p. 29.

[12] Johnson and Kaplan, pp. 204-205.

[13] Watts and Zimmerman, pp. 146-148, 201.

[14] Flegm, p. 226.

[15] Welch, *Jack: Straight from the Gut*, p. 225.

[16] Cheng and Warfield, "Equity Incentives and Earnings Management."

[17] Burgstahler and Dichev, "Earnings Management to Avoid Earnings Decreases."

[18] Bartov, Givoly, and Hayn "Rewards to Meeting or Beating."

[19] Graham, Harvey, and Rajgopal, "Economic Implications."

[20] Lowenstein, pp. 66-67.

[21] Levitt "'Numbers Game.'"

[22] Morgenson, "Pennies That Aren't from Heaven."

[23] Wallison, "Give Us Disclosure, Not Audits."

[24] Johnson and Schwartz, "Everyday Pricing."

[25] Ibid.

[26] Francis et al., "Costs of Capital."

[27] Kieso, Weygandt, and Warfield, p. 1156.

第14章 《萨班斯-奥克斯利法案》

我不是一名会计。

——安然公司前首席执行官杰弗里·斯基林（Jeffrey Skilling）在美国国会听证会上的发言

2001年10月12日，安达信会计师事务所的一名律师向该事务所的休斯敦办事处发送了一封电子邮件，要求其销毁与安然公司有关的文件。安然公司由此东窗事发。4天后，安然公司对外发布第3季度的利润数据，报表显示，该公司计提了巨额的减值准备。与此同时，股票投资者和债权人对安然彻底失去了信心。12月2日，安然公司以630亿美元的庞大资产规模宣告破产，这是美国历史上资产规模最大的破产案之一。

2002年1月28日，美国环球电讯公司以300亿美元的资产规模宣告破产，这是当时第四大破产案。同年7月21日，世通公司以1 040亿美元的资产规模宣告破产。[1] 7月30日，立法机构颁布《萨班斯-奥克斯利法案》。安达信会计师事务所因对上述三家公司出具无保留审计意见而被提起诉讼，并于8月31日终止所有新业务。

2002年对于企业财务报告而言是多灾多难的一年。在这期间，三大企业相继破产，颁布了大萧条以来最严苛的证券监管法案，享誉全球的安达信会计师事务所崩溃解体。在1929年的经济危机中，低质量的会计信息对国民经济的影响甚小，而在 2002 年，它却成为危机的“罪魁祸首”。

自大萧条以来，美国证券市场上的财务会计一直致力于减少会计处理的多样性，以期提高会计信息质量，增强信息的可理解性和可比性。得益于会计程序委员会、会计原则委员会和财务会计准则委员会的不懈努力，财务会计着实得到了较大发展。但是，投资税额抵免、石油勘探、债务重组及股票期权等会计规则的风波表明，会计规则的制定依然任重而道远。

1979 年，伦敦商学院教授威廉·巴克斯特（William Baxter）在一次演讲中说，人们普遍认为，当会计规则足够完善时，财务丑闻是完全可以杜绝的。但是，这种想法是不切实际的。他还指出，当前会计界过度依赖会计规则，所有原则性的指引最后都演变为明线规则，僵化的会计程序取代了职业判断。他预言，过分重视详尽的规则最终可能会导致会计的倒退和灭亡。[2]

然而，并非所有人都赞同巴克斯特的观点。1999 年 11 月，通用电气公司审计主管菲利普·安铭（Philip Ameen）表示，财务报告可能需要进一步完善，但是，没有证据表明美国当前的财务会计制度存在重大缺陷。[3]

2001 年 5 月，就在安然丑闻曝光前的 4 个月，美国证监会首席会计师林恩·特纳（Lynn Turner）就财务报告问题发表演说时指出，当前投资者的信心之所以空前高涨（1998 年，美国的股票投资者多达 8 400 万人，占美国成年人口的 44%），一定程度上得益于财务会计近 25 年来的发展与完善。

特纳梳理并总结了财务会计领域取得的成就，包括成立了科恩委员会（Cohen Commission，1977）、公共监督委员会（Public Oversight Board，1977）、特雷德威委员会（Treadway Commission，1987）、纽约证券交易所审计特别小组（New York Stock Exchange Blue Ribbon Panel on Audit Committees，1999）、奥马力小组（O'Malley Panel，2000），以及公共监督委员会发布的特殊报告（Special Report of the Public Oversight Board，1994），美国审计署（U. S. General Accounting Officer）发布的会计行业报告（1996）。

特纳说："鉴于已取得的成就，我相信，当前财务报告的透明度和信息质量绝对高于 25 年前甚至 10 年前的财务报告。"[4]然而，他没有对企业隐藏负债、平滑利润的行为作出评论。

1985 年，在经济学家肯尼斯·雷（Kenneth Lay）的精心筹划下，休斯敦天然气公司（Houston Natural Gas）和北方内陆天然气公司（InterNorth）合并，共同组建了安然公司，新公司主要经营天然气的配送业务。公司起用了两名野心勃勃的管理者——哈佛大学 MBA 毕业生丽贝卡·马克（Rebecca Mark）和杰弗里·斯基林（Jeffrey Skilling）。其中，马克组织开发了一系列大型的海底设施项目，斯基林则创立了一个天然气交易平台，并将业务扩大到电力及其他产品。随着各类资产密集型项目的上马和经营业务的迅猛发展，成立之初便负债累累的安然公司对融资的需求日益迫切。2000 年 8 月，安然的股票价格高达 91 美元/股（总市值 660 亿美元），但该公司却在短短的 5 个季度后就宣告了破产。

安然公司管理层坦言，为了吸引投资者和债权人，公司曾利用会计技巧美化财务报告，例如，他们曾利用第 115 号财务会计准则公告规定的有关交易性证券的公允价值会计规则来粉饰利润。作为对比，多数公司会选择避免进行盯市调整，以减少公允价值波动对会计利润的影响。

第 115 号财务会计准则公告规定，企业应当根据证券在活跃市场中的最新报价调整证券的账面价值，并确认利得和损失。但是，安然公司存在大量缺乏活跃市场的合同和非流动性证券，这些证券的估值更多地依赖金融模型而非可参考的市场数据。也就是说，计量方法从"盯住市价”转变为“盯住模型”（marking-to-model）之后，交易员便可以径行决定估值结果。

对于这些估值结果，会计人员往往难以获得可供参考的市场信息来加以验证。模型中即便是某些参数的极其微小的变动也会导致资产价值和利润的“虚高”，而确认暂时性的未实现持有利得有助于企业进行利润平滑。

显然，在计算机上调整模型参数比更改历史成本容易得多。安然公司 2000 年 12 月 31 日的年报显示，公司对联营企业的投资收益高达 1.25 亿美元，并在营业收入毫无增长的情况下实现了 5 300 万美元的利润增长[5]，其 50%以上的会计利润来自公允价值变动收益[6]。

此外，安然公司充分利用合并报表准则的漏洞，通过特殊目的实体（Special Purpose Entity，SPE）从事某些特定活动，从而达到破产隔离、粉饰报表的目的。例如，为了出售应收款项、实现资产转移，某公司发起设立了一个特殊目的实体。该特殊目的实体利用借款得来的资金购买发起公司的资产，使得发起公司在发生财务困难的情况下仍能确保股利的正常支付。

财务会计准则委员会下属的新兴问题工作组（Emerging Issues Task Force）发布公告称，如果外部投资者提供的权益资本占特殊目的实体总资产的比例高于 3%，发起公司就不必将该实体纳入合并报表的合并范围。[7]换句话说，若发起公司想将总资产为 1 亿美元的特殊目的实体排除在合并范围之外，则外部投资者提供的权益资本不得低于 300 万美元。

对于安然公司而言，将特殊目的实体置于合并报表之外有两大好处：第一，公司可以通过特殊目的实体进行表外融资；第二，公司可以按虚高的价格将资产卖给这些实体，并在利润表中记录已实现的利得。

安然公司首席财务官安德鲁·法斯托充分利用 3%的明线规则，建立起了一个由大约 3 500 个特殊目的实体组成的错综复杂的网络。[8]这些实体均受安然公司控制，为其伪造利润和表外融资大开方便之门。久而久之，安然的债务规模远远超过了公司经营现金流所能负担的金额。那么此时外部审计师何在？2000 年的审计业务委托书表明，安达信会计师事务所向安然公司收取了 2 500 万美元的审计费和 2 700 万美元的咨询费。显然，安达信会计师事务所的合伙人不会冒着损失 5 000 万美元的风险去质问安然公司管理层。

2001 年 10 月 16 日，安然公司在季度报告中确认了数亿美元的投资资产减值损失，这预示着该公司的终结。该公司的非经常性损益项目包括 2.87 亿美元的资产减值损失、1.8 亿美元的重组损失和 5.44 亿美元的投资损失（包括“与已披露实体签订的结构化的融资安排”）。

随后，安然公司紧急召开电话会议，各大媒体争相介入报道，局面进一步恶化。11 月 8 日，安然公司向美国证监会递交了重述后的财务报表。11 月 28 日，穆迪投资服务公司和标准普尔公司将安然债券的评级下调至“垃圾”级别。鉴于债券交易双方均对安然的偿付能力持怀疑态度，债券交易迅即宣告终止，安然公司的股价也跌至 1 美元以下。12 月 2 日，安然申请破产。

投资者和债权人遭受了数以亿计的损失。数以千计的员工面临失业，他们投资于本企业股票的养老基金也血本无归。会计操作，甚至仅仅是账表上的数字，就足以毁掉人们的生活。虽然同时期的“9·11”事件、炭疽恐慌事件和阿富汗战争掩盖了媒体对安然事件的报道，但事实证明，复杂的盯市会计和合并报表制度安排已经对社会公共利益造成了严重损害。然而更加不幸的是，灾难才刚刚开始。

1972 年，家具贸易商加里·温尼克（Gary Winnick）加入了一家投资银行（即后来的德崇证券），担任债券推销员。1978 年，他来到洛杉矶，在“垃圾债券之王”——迈克尔·米尔肯（Michael Milken）的手下工作了 7 年。[9] 1985 年，温尼克创立了太平洋资本集团（Pacific Capital Group），主要从事资本管理活动，并积极地投资于新兴产业。面对互联网行业掀起的巨大变革，他决定投资一个连通美国和欧洲的海底光缆项目。

温尼克将这一项目与其他几个类似的项目合并，于 1997 年 3 月在百慕大注册成立了环球电讯公司，并出任公司董事长。在百慕大注册的好处是能够使境外所得的税负最小化。

凭借高性能的海陆数字光缆系统，环球电讯公司致力于成为全球首家独立提供网络和远程通信服务的企业。这些细细的玻璃纤维集合在一起，利用光学脉冲传输数据。其传输速度远远快于铜线，能够有效解决网络信息传输量过大的难题。

环球电讯公司建立起了连接全世界200多座大城市的电信网络，业务范围覆盖亚洲、欧洲和美洲。公司在1997年10月正式营业，次年8月便成功上市。和早期的铁路企业类似，为了进一步拓展通信网络，成立之初的环球电讯公司急需大量资金。在接下来的几年里，公司的融资需求日益旺盛。

曾任职于德崇证券的温尼克拥有十分丰富的金融知识和经验。他能够娴熟地运用各类证券构建复杂的金融工具，这些证券包括等级A至等级E的普通股、三类受托管理的可赎回优先股以及一系列债券。然后，太平洋资本集团以各类权证、期权作抵押，购买了环球电讯公司的普通股。一旦环球电讯的股票价格上涨，温尼克就能闷声发大财了。

电信行业“跑马圈地”式的高速发展掩盖了该行业所存在的泡沫。就像联合太平洋铁路公司和中央太平洋铁路公司当初急于快速铺设铁轨一样，环球电讯公司也急于在竞争中获得领先地位——尽管当时它并没有获得政府的支持。

巨额的初始费用和折旧费用使得公司在早期无法实现盈利。财务会计领域有一项十分重要的会计规则——在建工程的利息费用资本化。1919年，全美成本会计师联合会和美国注册会计师协会曾在这一会计规则上产生巨大分歧，最终宣告决裂。

广泛使用的期权激励工具和日益迫切的融资需求给公司管理层带来了巨大的压力，他们必须在财务报告中向投资者和债权人呈现良好的盈利前景。但是，在企业没有盈利的情况下，管理层该如何“呈现良好的盈利前景”呢？

为此，公司管理层开始向投资者大肆宣扬息税折旧摊销前利润这一财务指标的科学性和重要性，并试图从净利润中剔除非经营性损失和非现金费用。但是，会计准则制定者并不认可这一指标，因为根据配比原则，企业应当确认它为取得收入所消耗的所有资源，包括资本性支出和融资费用。事实上，早在 1907 年，州际商务委员会便已经要求铁路企业在利润表中确认折旧费用了。

表 14－1 列示了 2001 年环球电讯公司披露的部分财务数据，包括此前 3 年每年年末的长期负债，以及本年度的营业收入、归属于普通股股东的亏损（扣除优先股股利）、息税折旧摊销前利润。2001 年 2 月 14 日，安达信会计师事务所出具了无保留审计意见。

表 14－1　环球电讯公司息税折旧摊销前利润（EBITDA）的变化情况

单位：百万美元

	1998 年	1999 年	2000 年
长期负债	$ 270	$ 4 900	$ 6 270
营业收入	424	1 491	3 789
净亏损	(135)	(178)	(1 980)
息税折旧摊销前利润	364	626	1 469

虽然息税折旧摊销前利润实现了稳步增长，但疯狂的扩张导致负债和费用也同样快速攀升了。假设你是公司的管理者，你将如何确定公司的价值？早期的证券市场对此给予了积极的回应。刚上市时，公司的股价为 9.5 美元；到了 1999 年第 2 季度末（信息技术行业泡沫破裂前夕），股价飙升至 64.25 美元（2000 年 3 月 10 日，纳斯达克综合指数达到最高点，标准普尔 500 指数也在两周后登顶）。

但是，由于竞争对手也纷纷开展光纤网络业务，环球电讯公司的市场份额开始下滑，以至于亏损进一步加剧了。2001 年 3 月，公司股价跌至 16.19 美元。

为了掩盖亏损，环球电讯公司开始从事并发交易（concurrent transactions），又称设备互换（capacity swaps）。即该公司与其竞争对手——奎斯特通信公司达成非货币性资产交换协议，互相购买对方的闲置资产，然后将交易结果确认为递延收入，并在合同期内分摊计入利润表。这些虚增的收入成功制造出一种假象——企业拥有良好的盈利前景。负责审计的安达信会计师事务所同意此项会计处理，并发布了有关电信行业设备互换业务的会计处理的白皮书。

早在 1960 年，伦纳德·斯帕切克领导下的安达信会计师事务所就开始出版《会计行业的会计和报告问题》（Accounting and Reporting Problems of the Accounting Profession）。这是一本帮助事务所合伙人、管理层和审计客户共同改进会计规则的工作手册，其主要内容之一是探讨收入的核算范围，即阐释各类业务的经营成果是否应当确认为收入。[10]后来，安达信会计师事务所不断更改收入的定义，将设备互换产生的损益也视为企业的经营成果纳入收入的核算范围。2001 年 8 月，环球电讯公司前雇员对上述会计处理提出了质疑。为此，该公司董事会专门设立了一个委员会，对这一问题展开调查。

然而，一切为时已晚。公司的经营现金流早已无法满足 120 多亿美元的偿债要求。2002 年 1 月 28 日，环球电讯公司宣告破产。同年 8 月，美国证监会就环球电讯公司对设备互换业务的会计处理问题向美国注册会计师协会表达了强烈不满。

2002 年 10 月，环球电讯公司宣布对 2000 年的财务报表进行重述调整，并聘请致同会计师事务所（Grant Thornton）负责审计。与其进行设备互换的奎斯特通信公司——安达信会计师事务所的另一审计客户——也对外宣布重述报表。12 月，温尼克辞职。

2002 年 9 月，美国众议院能源及商业委员会下属的调查监督委员会举行听证会，与会代表比利·陶金（Billy Tauzin）强烈批判了当时“盲目信奉会计数字”的风气，这正是诱使环球电讯公司伪造交易利润的罪魁祸首。[11]

2003 年 12 月，环球电讯公司向美国证监会提交了 2002 年的 10-K 表格，并开始走出破产阴影。值得注意的是，该公司 2002 年第 4 季度的净利润为 249 亿美元，创造了美国历史上季度利润的最高纪录。[12]其中，80 亿美元来自债务豁免，160 亿美元来自优先股和普通股股息的豁免。近 13 000 人失业。安达信会计师事务所再一次遭受审计丑闻的困扰。后来，环球电讯公司“成功瘦身”，并重新在纳斯达克挂牌交易。

伯尼·埃博斯（Bernie Ebbers）曾经是一名送奶工，后来在一所高中担任篮球教练。1983 年，他投资了长途话费优惠服务公司（Long-Distance Discount Service），并在两年后成为公司首席执行官。1997 年，该公司与微波通信公司（MCI）完成了价值 370 亿美元的业务合并，并更名为世通公司，就此成为美国电信行业的领导者。

其后不久，埃博斯成了亿万富翁。为了提高生活品质，他拿公司股票作为抵押物向银行申请贷款，并将款项用于购买游艇、经营农场。一旦股价下跌，埃博斯就必须追加保证金，否则，作为抵押物的股票就将被强制出售。因此，他要求公司首席财务官密切关注股价波动，并严格限制管理层出售股票的行为。[13]

世通公司的股价在 1999 年的第二季度达到最高点 64 美元。随着科技泡沫的破灭和经济发展的停滞，加之对斯普林特公司（Sprint）的收购失败，投资者对该公司的预期逐渐趋向悲观。到了 2000 年第三季度，股价下跌至 25 美元。为了稳定股价，埃博斯给公司管理层制定了不切实际的利润目标。[14]

1996 年和 1998 年，世通公司曾两度出现大幅亏损。在扭亏无望的情况下，公司索性选择将在建工程的研发成本一律确认为费用，金额分别占收入的 10%和 18%。该公司管理层可能存在弹力加载行为，即在亏损年份尽可能多地确认费用，从而为以后年份的利润增长做准备。

线路费用是指企业因占用其他公司的网络设施所产生的费用，降低线路费用能够显著增加企业利润。如表 14-2 所示，截至 2000 年，世通公司的营业毛利稳步增长。2001 年，受经济下行、电信行业泡沫破裂和“9·11”事件的多重影响，其营业收入和营业毛利均有所下滑。这一现象似乎是合理的，因为线路费用不一定完全随着营业收入的变动而变动。

表 14-2 世通公司线路费用的变化情况

	1997 年	1998 年	1999 年	2000 年	2001 年
营业收入（百万美元）	7 384	17 617	35 908	39 090	35 179
线路费用（百万美元）	3 764	7 982	14 739	15 462	14 739
线路费用占营业收入的比例	51.0%	45.3%	41.0%	39.6%	41.9%

然而，事情远没有看起来那么简单。事实上，世通公司在 2000 年年末对线路费用采取了资本化的处理方法，并以固定资产的名义将其列示到了资产负债表上。如果说特殊目的实体或设备互换业务的核算过于复杂，出现会计差错在所难免，那么，线路费用资本化则完全是不可原谅的，因为再初级的会计人员都不可能犯那样的错误。

在世通公司提交的 2000 年的 10-K 表格中，管理层将成本的下降归因于产品原料的升级和并购整合产生的规模经济。换句话说，利润的增长源于成功的经营决策。

其竞争对手美国电话电报公司没有注意到世通公司的会计游戏，只是简单地将线路成本作了费用化的处理。对比两家公司的账面利润可知，美国电话电报公司的盈利状况较差，像一个“笨拙的巨人”。迫于压力，该公司首席执行官不得不裁员 20 000 人，并斥资 1 000 亿美元收购了 TCI 公司、Media One 公司等电缆企业。该公司还一度濒临破产。[15]由此可见，世通公司的会计把戏，甚至仅仅是账表上的数字，就能对竞争对手的经营决策及其数万员工的生计产生巨大的影响。

世通公司的首席财务官后来证实，他当时被上司勒令“务必实现市场预期的利润目标”。2000 年 10 月，他给埃博斯写了一封信，向其反映会计人员对线路费用资本化的会计处理的不满。他在信中写道：“公司应当通过改善经营管理来迎合市场预期，而不是直接让财务部门调节会计数据。”[16]

为了重塑投资者的信心，世通公司在 2001 年 6 月发行了追踪股票（tracking stock）。投资者既可以购买零股利、高增长的世通公司的股票，也可以购买专门从事增长率低、现金流充足的业务的微波通信公司的股票。但是，由于集团内部不同经营实体之间在成本分摊、股利支付等问题上产生了激烈的冲突，追踪股票的发行结果不尽如人意。

在市场份额萎缩和巨额债务压力的双重影响下，世通公司的市值不断缩水。2002 年 4 月 29 日，埃博斯宣布辞职。3 月 15 日，毕马威会计师事务所（KPMG）取代安达信会计师事务所成为新的外部审计师。6 月 25 日，世通公司发布内部审计结果称，39 亿美元的线路费用资本化的会计处理违反了公认会计原则。次日，该公司被美国证监会立案调查。7 月 21 日，世通公司宣告破产。发布于 8 月 8 日和 11 月 5 日的公告显示，世通公司累计少计了 90 亿美元的线路费用。

一年后，世通公司管理层公布了 2002 年的 10-K 表格和重述后的财务报表，重述前后的差异主要包括：第一，将先前资本化处理的线路费用改按费用化处理（报表重述后的线路费用占营业收入的比重为 43%，但世通公司此前通过会计手段，人为地将其降至 39.6%）；第二，确认了 400 亿美元的商誉减值及其他无形资产减值。

世通公司 2001 年年末的财务报表显示，股东权益的金额从先前由安达信会计师事务所审计通过的 580 亿美元减少至重述后由毕马威会计师事务所审计通过的 130 亿美元，这可能是会计史上金额最大的造假案。更具讽刺意味的是，这两个数字是根据同一套会计准则计算出来的。

后来，世通公司更名为国际微波通信公司（MCI），逐渐走出了破产阴影。但必须再次强调的是，很多无辜的员工因此失去了工作，投资者和债权人也蒙受了上亿美元的损失。

阿德菲亚通信公司（Adelphia Communications）和泰科的财务丑闻也发生在 2002 年。阿德菲亚通信公司的创始人约翰·里格斯（John Rigas），将阿德菲亚从一家名不见经传的小公司发展成为美国最大的有线电视和网络服务供应商之一，但这家电信业巨头一直保持着家族企业的经营方式。该公司管理层采用了一系列的交易安排，使得该公司的资金被用于资助其他家族企业。2002 年 6 月，该公司宣告破产。2004 年，里格斯银铛入狱。

就在阿德菲亚通信公司破产的当月，泰科公司首席执行官丹尼斯·科兹洛夫斯基（L. Dennis Kozlowski）宣布辞职，后因盗用公司资金于 2005 年入狱。他的恶劣行径包括：花费 6 000 美元购买浴帘，花费 200 万美元为妻子举办生日聚会等。更过分的是，他在申报个人所得税时漏报了2 500 万美元的应税收入。[17]

2002 年，美国的经济发展陷入停滞。在这种情况下，企业为了显示自己良好的盈利前景，纷纷通过渠道填塞（channel stuffing）、易货交易（barter deals）等活动虚增收入、美化账面业绩。

在过去的一个世纪里，注册会计师和公众投资者之间的期望差距长期存在。公众普遍把公共会计师视为勇于揭发财务舞弊的守门人。但是，公共会计师们很清楚，没有哪家企业愿意出高价聘请外部审计师来揭发自己的财务舞弊行为。事实上，直到 1988 年，美国注册会计师协会才开始在审计准则中使用“舞弊”（fraud）一词。[18]

公共会计师行业几乎从来没有发现过重大的财务舞弊。客户大多也只是将审计视为一种服务性质的商品。会计师事务所为了降低审计成本，往往只会指派那些新入职的大学毕业生去执行现场工作，并要求他们提高工作效率、压缩工作时间。如此一来，审计人员也就很难发现企业管理层的舞弊行为。

衡量审计效率的指标有很多，但反映审计效果的指标却极少。考虑到外部审计对公司的潜在威胁，企业管理层往往更愿意选择那些收费标准较低且对公司活动干预较少的会计师事务所。但是，真正依赖审计效果的投资者和债权人却没有为审计服务付费。同理，信用评级公司存在同样的悖论：信用评级报告的使用者是债券的购买方，而承担评级费用的却是发行方。这样就不难理解，破产前夕的安然公司和世通公司，其债券评级仍为投资级别。[19]

然而整体上而言，公共会计师行业的确获得了极大的发展。自《1934 年证券交易法》颁布至互联网泡沫期间（不考虑麦克森欺诈案、大陆自动售货机公司案及宾夕法尼亚中央铁路公司破产案等舞弊案），公共会计师行业确实实现了规模、地位和财富的增长。20 世纪 90 年代晚期，以安达信会计师事务所为首的一大批审计公司遭受了毁灭性的打击。表 14－3 列示了各年度的重大财务丑闻及涉案的会计师事务所。

2002 年，安达信会计师事务所破产，公共会计师行业遭遇了重大危机。《萨班斯-奥克斯利法案》颁布实施后，上市公司再也不能肆无忌惮地操纵财务业绩了。一些会计师事务所挣扎着生存下来，但安达信会计师事务所却难以再获得公众的信任了。与业内同行相比，安达信会计师事务所具有以下两点突出特征。

第一，安达信会计师事务所十分重视企业文化的建设，强调员工要“绝对服从”。所有新入职的员工必须参加位于伊利诺伊州圣查尔斯的职业教育中心的培训。严格的规定能够确保各项目组编写的审计工作底稿符合总部的标准。

在安达信会计师事务所任职期间（1982—1985 年），我发现所有男同事一律穿着纯白色的衬衫。如果员工穿着带条纹的或彩色的衣服，则会被认为是工作态度有问题。女同事统一穿着西服套裙，不得穿连衣裙或便裤。安达信会计师事务所内部流传着一句口号——“思路清晰，直言不讳”。这句话时刻提醒员工，说话要直白，不能拐弯抹角；遇到问题要寻找简单快速的解决方案，而无须考虑方案的合理性。此外，员工必须无条件地服从，不能对上级的决策有任何质疑。

第二，安达信会计师事务所的管理咨询服务部非常成功。该业务部后来更名为管理咨询部、安达信咨询部，主要为企业提供财务软件的咨询服务。其发展的标志性事件是 1953 年，该业务部在通用电气的家电园区成功安装了 UNIVAC 电脑和工资管理软件。

安达信会计师事务所合伙人伦纳德·斯帕切克大力支持这一业务的发展。拥有多年的公用事业行业审计经验的斯帕切克意识到，企业经常

表 14－3　美国 2002 年前后重大财务丑闻一览表

事发年份	安达信	德勤	安永	毕马威	普华永道
1997			美国胜腾集团（Cendant）		
1998	阳光公司（Sunbeam）				麦克森公司
1999	浸信教徒基金会（Baptist Foundation） 废弃物管理公司（Waste Management）	来德爱公司（Rite Aid）			
2000				施乐公司（Xerox）	
2001	安然公司				
2002	CMS 能源公司（CMS Energy） 戴纳基电力公司（Dynegy） 环球电信公司 哈里伯顿公司（Halliburton） 默克公司 Peregrine 半导体公司 奎斯特通信公司 世通公司	阿德尔菲亚通信公司 杜克能源公司（Duke Energy） 埃尔帕索公司（El Paso） 可靠能源公司（Reliant Energy）		英克隆制药公司（Imclone）	百时美施贵宝公司（Bristol-Myers Squibb） 凯马特公司（Kmart） 朗讯科技公司（Lucent） 泰科公司
2003	房地美公司（Freddie Mac）		南方保健公司（HealthSouth）		

面临十分复杂的发货决策，无法确定客户的信用额度。[20]若没有自动化的管理技术，企业很难及时确认销售订单。

相较于审计服务而言，咨询服务的盈利空间更大。1983 年，得益于咨询收入的增长，安达信会计师事务所超越了 Peat Marwick 会计师事务所（毕马威会计师事务所的前身），成为世界上最大的会计师事务所。[21]1994 年，安达信会计师事务所的咨询收入占总收入的比重高达 46%，这一比例比排名第二的竞争对手整整高出 16 个百分点。[22]1989 年，在安达信会计师事务所 2 134 名合伙人中，从事咨询服务的合伙人仅 586 名（占 27%），但赚取的收入却占总收入的 43%。[23]

掌握公司控制权的老牌的审计部门和创造巨额利润的新贵咨询部门之间产生了巨大的矛盾，这最终导致了两者的决裂。1997 年，安达信审计部和咨询部向国际仲裁法庭提出仲裁申请，要求“分家”。2000 年，安达信咨询部实现独立，并更名为埃森哲咨询公司（Accenture）。

在利益的驱使下，拆分后的安达信会计师事务所重新启动了咨询业务。事务所要求员工本着销售商品而非独立审计的态度，努力创造利润。如前所述，安达信强调“服从”的企业文化能够确保这一战略得以有效执行。

很快，安达信会计师事务所在金钱中迷失了自我。曾任哈佛商学院教授的芭芭拉·托夫勒（Barbara Toffler）也加入了安达信，为企业提供道德咨询服务，从而收取咨询费用。事务所内部的保守派渐渐意识到，注册会计师们如今已不再为客户提供会计培训，通过讲解职业道德就可以收取费用。根据托夫勒教授的描述，安达信会计师事务所迫切想要弥补因埃森哲独立所带来的损失，似乎只有金钱，而非受托责任或公共责任的履行，才能缓解“分离之痛”。[24]

2000 年 6 月 27 日，安达信会计师事务所的高级合伙人在向克利夫兰的企业家们作报告时说：“为了取得成功，我们必须打破规则。”然而，这一信条对于以保障企业财务报告符合公认会计原则为使命的公共会计师行业而言似乎并不恰当。

该合伙人的演讲观点基于《破译价值密码：成功的企业如何在新经

济中创造财富》(*Cracking the Value Code: How Successful Business Are Creating Wealth in the New Economy*)一书。该书由安达信会计师事务所的三位合伙人合著，他们分别是博尔顿（E. S. Boulton)、巴里·利伯特（Barry D. Libert）和史蒂夫·萨梅克（Steve M. Samek)。他们在书中写道："成功的企业往往需要通过资产的有效利用来创造财富，而创新的商业模式则能够帮助企业在新经济中赚取超额利润。"

注册会计师的职责在于确保审计客户的会计确认、计量和列报真实可靠。然而，《破译价值密码：成功的企业如何在新经济中创造财富》的作者似乎对财务报告并不感兴趣，他们更钟情于探寻成功的商业模式，帮助管理层在信息经济的海洋中乘风破浪。与会的企业家们在走出报告厅时不禁在想，这些人早已不是独立审计师，而是战略咨询师。安达信会计师事务所首席执行官乔·贝拉迪诺（Joe Berardino）甚至在电视上公开宣称，审计师的职责就是帮助企业实现经营目标。[25]

安达信会计师事务所的审计客户之一——废弃物管理公司，为了增加账面利润，蓄意延长卡车的折旧年限。对此，安达信会计师事务所出具了无保留审计意见。此次审计失败导致该事务所被美国证监会罚款700万美元，安达信会计师事务所的灾难由此开始。1999年11月，另一位审计客户——亚利桑那浸信教徒基金会宣告破产，安达信会计师事务所没有及时发现其中的庞氏骗局，致使许多老年人的巨额退休储蓄金被洗劫一空。2001年3月，安达信会计师事务所不得不向投资者支付了2.17亿美元的补偿款。

同年4月，由于未能发现客户的渠道填塞的行为（即企业将未真正售出的货物确认为收入)，安达信会计师事务所又向阳光公司的股东支付了1.1亿美元的补偿金。

2001年10月12日，安达信会计师事务所新聘请的律师南希·坦普尔（Nancy Temple）向该事务所休斯敦办事处的合伙人发送了一封商业史上最著名的邮件，提醒负责审计安然的项目小组执行事务所的文件存档制度，即销毁初始的审计计划书和审计草稿，只保留最终的工作底稿。

尽管美国证监会的调查表明安然公司很有可能存在严重的财务问

题，但项目组依然强制销毁了审计文件。联邦政府因安达信涉嫌贿赂他人隐瞒重要文件、干扰司法调查而对其提起了诉讼。2002 年 6 月，陪审团判定罪名成立，安达信随后向美国最高法院提起上诉。2005 年，最高法院以证据不充分为由，全体一致同意推翻陪审团的有罪判决。

虽然数年之后最高法院宣布其罪名最终并不成立，但安达信会计师事务所早已被“宣判死刑”。环球电讯和世通公司的财务丑闻，使得公众对安达信会计师事务所失去了信心。2002 年 8 月 31 日，这家拥有 85 000 名员工、100 000 个审计客户，业务覆盖 84 个国家和地区的审计公司最终宣告解散。

安达信会计师事务所曾拥有众多的会计专家，他们完全可以组成一个会计名人录。财务会计准则委员会委员亚瑟·怀特、爱德蒙德·詹金斯（Edmund Jenkins）和迈克尔·克洛奇（G. Michael Crooch），行业批评家伦纳德·斯帕切克，美国注册会计师协会研究部主任卡曼·布劳，美国总审计长查尔斯·鲍舍尔，著名会计理论家莫里斯·穆尼兹（Maurice Moonitz），以及会计词典编纂者埃里克·科勒（Eric Kohler）都曾效力于这家曾经辉煌于世的公司。

安达信会计师事务所的破产，加之安永·威尼（Ernst & Whinney）和亚瑟·扬（1989 年），德洛伊特·哈斯金斯·塞尔斯（Deloitte Haskins & Sells）和图什·罗斯（Touche Ross）（1990 年），普华（Price Waterhouse）和永道（Coopers & Lybrand）（1998 年）的合并，使得审计行业的“八大”会计师事务所变成了“六大”，并最终发展为“四大”（除合并后的三家外，还包括毕马威）。

三大破产案的爆发及安达信的倒闭彻底激怒了美国国会。2002 年 7 月下旬，美国国会通过了《萨班斯-奥克斯利法案》——一项“在公众的恐慌和义愤填膺中通过”的政府监管法案。[26]该法案重新界定了注册会计师对投资公众的责任，即注册会计师应当对独立的第三方——投资者和债权人负责。

根据《萨班斯-奥克斯利法案》的要求，成立了公众公司会计监管委员会（The Public Companies Accounting Oversight Board），负责对会计师事务所实施监督。《萨班斯-奥克斯利法案》禁止审计人员从事大量的非审计服务，以避免利益冲突。此外，法案第302条要求公司首席执行官和首席财务官发表书面声明，以期确保会计数字的真实准确。这使得杰弗里·斯基林无法再以"我不是一名会计"为由而推卸责任，公司管理层必须对重大会计政策及美国证监会的监管制度有所了解。

该法案第404条要求管理层和审计师记录内部控制系统的运行情况并评估其有效性，此条款被视为最烦琐的条款之一。根据监管要求，审计师应当出具报告，说明企业内部控制制度是否存在重大缺陷；上市公司对外披露的年度报告应当包括有关财务报告准确性和内部控制有效性的审计意见。

根据伊利诺伊大学两位会计学教授的估计，截至2004年年底，法案第404条的执行成本超过了130亿美元，但鲜有证据表明该条款真的能够有效地保护公众投资者的利益。[27]

已有研究发现，不规范的公司治理结构（如董事长和首席执行官由同一人兼任，董事会和管理层的人员构成高度重合，信息沟通不及时等）和会计操纵（如非正常的应计盈余、正向的盈余意外、利润平滑等）具有相关关系，但没有证据表明其与股票回报显著负相关。[28]完善公司治理结构的关键在于是否能够选择一个正直的人来担任首席执行官。

值得注意的是，《萨班斯-奥克斯利法案》极大地促进了审计人员的就业，维护了注册会计师行业的利益。这场财务丑闻风暴让注册会计师成为财务报告领域的埃利奥特·内斯（Eliot Ness）式的英雄人物。2001年至2004年间，伊利诺伊大学会计学本科生的人数增加了66%，密歇根大学的会计学研究生人数增加了76%。[29]

财务会计准则委员会委员凯瑟琳·雪珀（Katherine Schipper）表

示，失败并不可耻，美国商业史上充斥着失败的商业案例，真正可耻的是极力掩饰失败，进而骗取投资者和债权人的财富的行为。[30]

巨额的债务拖垮了安然、环球电讯和世通。科技泡沫的狂热，降低了公司的融资难度，诱使企业错误地将资金投向了劣质项目。极具欺骗性的财务报告则是美化了公司的经营业绩，误导了不知情的投资者和债权人。诚然，会计差错能够随着信息披露的改善而逐渐得以纠正，但是在这个过程中，太多人为此付出了代价。

【注释】

[1] "Largest Bankruptcles, 1980 to Present."

[2] Baxter.

[3] Ameen.

[4] Turner, "State of Financial Reporting Today."

[5] Benston, "Quality of Corporate Financial Statements."

[6] Brewster, *Unaccountable*, p. 229.

[7] Holtzman, Venuti, and Fonfeder, "Enron and the Raptors."

[8] Squires et al., *Inside Arthur Andersen*, p. 9.

[9] Bruck, pp. 51, 259.

[10] Arthur Andersen & Co., pp. 79-83.

[11] Tauzin, "Capacity Swaps by Global Crossing and Qwest."

[12] Brown, "Global Crossing Scores a Bankruptcy Bonanza."

[13] Pulliam and Latour, "Trial of WorldCom's Ebbers."

[14] Ibid.

[15] Blumenstein and Grant, "Former Chief Tries to Redeem the Calls."

[16] Latour and Young, "WorldCom's Sullivan Says He Told CEO."

[17] Sorkin, "Ex-Chief and Aide Guilty of Looting Millions."

[18] Frieswick, "How Audits Must Change."

[19] *Economist*, "Credit-Rating Agencies."

[20] Spacek, p. 183.

[21] Squires et al., p. 76.

[22] Previts and Merino, p. 400.

［23］ Squires et al. , pp. 84－86.

［24］ Toffler，p. 130.

［25］ Ibid. , p. 248.

［26］ *Economist*，“Damaged Goods.”

［27］ Salomon and Peecher，“SOX 404—A Billion Here，a Billion There…”

［28］ Bowen，Rajgopal，and Venkatchalam，“Accounting Discretion .”

［29］ Gullapalli，“Crunch This! CPAs Become the New BMOCs.”

［30］ Financial Management Network .

第15章 后 记

雪崩时，没有一片雪花具有负罪感。

——伏尔泰（Voltaire）

前纽约市市长埃德·科克（Ed Koch）有一句名言——“我做得怎么样?”为了回答“企业做得怎么样”的问题，会计学发展出了四个分支，其中，财务会计帮助企业的外部利益相关者评估企业的偿债能力和股利支付能力，所得税会计帮助联邦税务局计算其对企业利润的分享额，成本会计有助于管理层对经营活动实施有效的控制，监管会计有助于监管机构对企业经营活动的合法合规性进行监督。但是，这些分支学科的发展缺乏内在统一的理论基础。

作为会计学科体系的“元老”，财务会计在产生之初仅是实务中各项散乱的会计规则的集合。尽管从较长的期间来看，不同的会计处理方法对财务报告几乎没有影响，但是，投资税额抵免、债务重组、石油勘探及股票期权等准则的制定过程充分表明，会计规则的制定在很大程度上会受政治力量的干预。监管机构和实务界普遍认为，用不同的会计方法报告同一事项并无大碍。例如，企业可以采用不同的方法核算纳税亏损移后扣减，计算备考盈余。然而，这种主观随意性正是问题的症结所在。

但是，财务会计能够将成千上万的交易事项浓缩为若干个数字，因此其有用性是毋庸置疑的。财务报告的高度概括性使其广泛应用于合同的订立过程。不过如此一来，新的问题又产生了。根据海森堡测不准原理，对亚原子粒子的位置的测定越准确，对其动量的测定就越不准确，即观察某一主体的行为会对该主体产生干扰。同理，报表使用者对会计数据的重视程度越高，数据的可靠性就越低。

将薪酬激励、债务偿付、纳税义务、经营许可等事项与会计数字挂钩的做法，显然会对管理层的财务报告行为产生影响。外部使用者对会计数字越重视，报表编制者所承受的压力就越大。而新闻媒体对企业各季度利润是否符合市场预期的过度关注，则进一步加大了企业的压力。企业管理层对盈余意外的恐惧，使其无法专心于日常的生产经营活动。于是，一些管理者迫于压力，便开始利用各种手段来调节季度利润数据，以期满足市场的预期。

尽管大量证据表明，资本市场最终能够看穿企业的会计把戏，大部分的会计政策并不影响现金流和盈余总额，但是，随着一些专门搜集企业盈余信息的服务机构的出现，管理层平滑利润的动机却进一步加强了。2002 年的财务丑闻风暴再次向世人证明，经营良好的企业无须玩弄会计把戏，再漂亮的财务数据也无法掩盖管理不善的现实。

有效市场假说（EMH）、资本资产定价模型（CAPM）和 B-S 期权定价模型的推广，一定程度上抑制了互联网泡沫时期的会计造假乱象。与有效市场假说相关的研究表明，投资者在证券估值时能够看穿企业的会计把戏；资本资产定价模型指出，盈余波动并不一定导致消极的市场反应；期权定价模型能够用于计算期权激励的成本，从而有助于企业合理使用这一激励杠杆。

然而，这些学术研究成果对于实务工作者的职业发展似乎并无大用。财务报表编制者们对通篇充斥着数学符号的学术论文并不感兴趣，会计发展实际上依然停留于“师傅带学徒”的阶段。学者们本应花费更多的时间向实务界传播学术观点，然而遗憾的是，这些真正有意义的教学和科研工作无法帮助学者们获得终身教职。

互联网泡沫破裂后，争议性的财务造假案依然时有发生。例如，房利美（Fannie Mae）、房地美（Freddie Mac）对衍生金融工具的会计处理，AIG 公司对有限风险再保险合同的会计处理，以及 Krispy Kreme 公司对关联方交易的处理，均引发了较大争议。可见，人们似乎仍未汲取 2002 年的教训。

联邦政府曾尝试对企业违反《萨班斯-奥克斯利法案》第 302 条（即要求公司首席执行官和首席财务官就会计数据的真实性发表书面声明）的行为实施惩戒，但以失败告终。1974 年，曾在加油站工作的理查德·斯克鲁西（Richard M. Scrushy）获得了亚拉巴马大学伯明翰分校（University of Alabama at Birmingham）呼吸疗法专业的学位。10 年后，他一手创办了南方保健公司[1]，该公司后来成为美国最大的门诊手术和康复医疗服务提供商。

南方保健公司在 2001 年的财务报告中声称，其经营业绩在连续几个报告期内均超过了分析师的预期。然而好景不长，2002 年，政府突然启动了医疗报销制度改革，此举导致南方保健公司的营业收入大幅下滑。公司也因此陷入危机，其股票价格从 2002 年第 2 季度末的 15.9 美元下跌至 2003 年第 1 季度末的 0.08 美元，最终被纽约证券交易所强制退市。

此时，一大批审计师、咨询师和律师纷纷落井下石，谴责这家危在旦夕的企业。最终，南方保健公司得以免于破产清算，并于 2005 年 6 月向美国证监会提交了 2002 年、2003 年的 10-K 表格，以及 2000 年、2001 年重述后的财务报表。部分财务信息如表 15-1 所示（除每股收益外，其他数据的单位均为百万美元）。

表 15-1　南方保健公司 2000 年、2001 年重述后的财务报表（部分）

	2000 年 12 月 31 日		2001 年 12 月 31 日	
	重述前	重述后	重述前	重述后
营业收入	$4 195	$3 498	$4 380	$3 553
净利润（净亏损）	278	(364)	202	(191)
稀释每股收益	0.71	**(0.94)**	0.51	**(0.49)**

由表可知，重述前后的金额相去甚远，该差额显然符合重要性的标准。基于此，联邦政府指控南方保健公司在 1996—2002 年间虚增利润，

虚增金额累计达26亿美元。

公司前后5任首席财务官均对联邦政府的指控供认不讳，并举证揭发斯克鲁西。司法机构认为，如果没有首席执行官的参与，如此重大的财务造假是不可能完成的，毕竟，斯克鲁西曾在南方保健公司的财务报告上签过字。

但是，亚拉巴马陪审团却判定斯克鲁西无罪（其中有36人反对这一判决）。斯克鲁西与世通公司总裁伯尼·埃博斯的经历截然不同，前者无罪释放，而后者因会计欺诈被起诉。有分析指出，两人的区别在于，埃博斯以世通公司的股票作抵押来获取保证金贷款，而斯克鲁西并没有这么做，公诉人无法证明斯克鲁西是蓄意造假。此外，埃博斯因股价波动不得不追加保证金，导致公司出现严重的财务危机，而斯克鲁西造成的财产损失相对较小。[2]可见，《萨班斯-奥克斯利法案》第302条的监管内容并不明确。

上述事实表明，当前财务会计领域仍然存在大量结构化的问题，这些问题在未来很长的一段时间内仍将继续存在。构建财务会计概念框架的努力很可能会归于徒劳，因为会计是一门实用性极强的学科。正如语言学家曾经试图改造英语，以期消除语法和拼写中的例外，但效果往往不尽如人意。

无论是清晰明确的规则还是逻辑严谨的原则，都无法解决会计领域中的这些问题。围绕权益结合法、租赁会计、或有负债等会计规则的纷争表明，无论是明确的规则还是严谨的原则都无法保证财务报告的真实公允。

会计丑闻是指企业蓄意隐藏会计信息，从而对外部利益相关者造成不利影响的事件。说到底，会计丑闻是报表编制者——企业的财务主管及其上司的责任，而不是审计师、学术界、证券监管部门、准则制定机构或立法机构的责任。一旦企业管理层丧失了自我约束，再完美的监督体系都将形同虚设。因此，唯一可行的解决之道是，让那些诚实正直的人担任公司的首席执行官。

【注释】

[1] Morse and Terhune，“HealthSouth's Scrushy Is Acquitted.”

[2] Terhune，Morse，and Latour，“Why Scrushy Won，Ebbers Lost.”

参考文献

大多数传记性信息来自俄亥俄州立大学（Ohio State University）的会计名人堂（Accounting Hall of Fame），参见 http://fisher.osu.edu/acctmis/hall/。大多数演讲内容引用自巴鲁学院（Baruch College）的萨克斯系列讲座（Saxe lecture series），参见 http://newman.baruch.cuny.edu/digital/saxe/toc.htm。

Abdel-Khalik, A. Rashad. *The Economic Effects on Lessees of FASB Statement No. 13, Accounting for Leases*. Stamford, CT: Financial Accounting Standards Board, 1981.

Abdel-Khalik, A. Rashad. "Managers' Emphasis on the Short Run: Contrast with the Japanese and Implications for Accounting." Speech at Baruch College, December 14, 1982. http://newman.baruch.cuny.edu/digital/saxe/saxe_1982/abdel_khalik_82.htm.

Aboody, David, and Ron Kasznik. "CEO Stock Option Awards and Corporate Voluntary Disclosures." May 22, 2000. http://ssrn.com/abstract=144589.

Accounting Trends & Techniques 2004. 58th ed. New York: American Institute of Certified Public Accountants.

Ambrose, Stephen E. *Nothing Like It in the World: The Men Who Built the Transcontinental Railroad 1863–1869*. New York: Simon & Schuster, 2000.

Ameen, Philip D. "Six Sigma Accounting in the New Millennium." Speech at Baruch College, November 1, 1999. http://newman.baruch.cuny.edu/digital/saxe/saxe_1999/amen_1999.htm.

Amershi, Amin, and Shyam Sunder. "Failure of Stock Prices to Discipline Managers in a Rational Expectations Economy." *Journal of Accounting Research* (Autumn 1987).

Arthur Andersen & Co. *Accounting and Reporting Problems of the Accounting Profession.* September 1960.

Ascarelli, Silvia. "Citing Sarbanes, Foreign Companies Flee US Exchanges." *Wall Street Journal,* September 20, 2004.

Ball, Ray, and Philip Brown. "An Empirical Evaluation of Accounting Income Numbers." *Journal of Accounting Research* (Autumn 1968).

Bandler, James, and John Hechinger. "Six Figures in Xerox Case Are Fined $22 Million." *Wall Street Journal,* June 6, 2003.

Barnes, Ronnie, and Henri Servaes. "The Stock Market Response to Changes in Business Combinations Accounting." London Business School working paper, February 28, 2002.

Barton, Jan, and Gregory Waymire. "Investor Protection under Unregulated Financial Reporting." Emory University working paper, September 15, 2003.

Bartov, Eli, Dan Givoly, and Carla Hayn. "The Rewards to Meeting or Beating Earnings Expectations." *Journal of Accounting & Economics* 33 (2002): 173–204.

Baskin, Jonathan B., and Paul J. Miranti Jr. *A History of Corporate Finance.* Cambridge, UK: Cambridge University Press, 1997.

Baxter, William T. "Accounting Standards: Boon or Curse." Speech at Baruch College, February 13, 1979. http://newman.baruch.cuny.edu/digital/saxe/saxe_1978/baxter_79.htm.

Beaver, William H. *Financial Reporting: An Accounting Revolution.* Upper Saddle River, NJ: Prentice Hall, 1998.

Benston, George J. "The Quality of Corporate Financial Statements and Their Auditors before and after Enron." *Policy Analysis,* November 6, 2003. Washington, DC: Cato Project on Corporate Governance, Audit and Tax Reform, 2003.

Benston, George J. "Required Disclosure and the Stock Market: An Evaluation of the Securities Exchange Act of 1934." *American Economic Review* (March 1973).

Benston, George J. "The Role and Limitations of Financial Accounting and Auditing for Financial Market Discipline." November 20, 2003, draft working paper.

Benston, George J., Michael Bromwich, Robert E. Litan, and Alfred Wagenhofer. *Following the Money: The Enron Failure and the State of Corporate Disclosure.* Washington, DC: Brookings Institution Press, 2003.

Berenson, Alex. *The Number.* New York: Random House, 2003.

Berle, Adolf A., Jr., and Gardiner C. Means. *The Modern Corporation and Private Property.* New York: Macmillan, 1933.

Biddle, Gary. "Paying FIFO Taxes: Your Favorite Charity?" *Wall Street Journal,* January 19, 1981.

Black, Fischer, and Myron Scholes. "The Pricing of Options and Corporate Liabilities." *Journal of Political Economy* (May–June 1973).

Blough, Carman G. *Practical Applications of Accounting Standards.* New York: American Institute of Certified Public Accountants, 1957.

Blumenstein, Rebecca, and Peter Grant. "Former Chief Tries to Redeem the Calls He Made at AT&T." *Wall Street Journal,* May 26, 2004.

Boulton, E. S., Barry D. Libert, and Steve M. Samek. *Cracking the Value Code: How Successful Businesses Are Creating Wealth in the New Economy.* New York: HarperCollins, 2000.

Bowen, Robert M., Shivaram Rajgopal, and Mohan Venkatchalam, "Accounting Discretion, Corporate Governance and Firm Performance," March 2004. http://ssrn.com/abstract=367940.

Brandeis, Louis D., and Melvin I. Urofsky (Editor). *Other People's Money and How the Bankers Use It.* New York: Bedford/St. Martin's, 1995.

Brewster, Mike. *Unaccountable: How the Accounting Profession Forfeited a Public Trust.* Hoboken, NJ: John Wiley & Sons, 2003.

Briloff, Abraham J. "Dirty Pooling." *Accounting Review* (July 1967).

Briloff, Abraham J., and Robert N. Anthony. "By Whom and How Should Accounting Standards Be Determined and Implemented?" Debate at Baruch College, February 27, 1978. http://newman.baruch.cuny.edu/digital/saxe/saxe_1977/briloff_78.htm.

Brown, Ken. "Global Crossing Scores a Bankruptcy Bonanza." *Wall Street Journal,* March 11, 2004.

Bruck, Connie. *The Predators' Ball: The Inside Story of Drexel Burnham and the Rise of the Junk Bond Raiders.* New York: Penguin Books, 1989.

Bruner, Robert F. *Deals from Hell.* Hoboken, NJ: John Wiley & Sons, 2005.

Burgstahler, David, and Ilia Dichev. "Earnings Management to Avoid Earnings Decreases and Losses." *Journal of Accounting and Economics,* 24 (1997): 99–126.

Burton, John C. "Fair Presentation: Another View." Speech given at Baruch College, February 18, 1975. http://newman.baruch.cuny.edu/digital/saxe/saxe_1974/burton_75.htm.

Burton, Jonathon. "Revisiting the Capital Asset Pricing Model." *Dow Jones Asset Manager,* May/June 1998.

BusinessWeek. "A Matter of Principle Splits CPAs." *BusinessWeek,* January 26, 1963.

Carey, John L. *The Rise of the Accounting Profession.* Vols. 1 and 2. New York: American Institute of Certified Public Accountants, 1969.

Carr, E. H. *What Is History?* Hampshire, UK: Palgrave, 2001.

Chambers, Raymond J. "Fair Financial Reporting in Law and Practice." Speech at Baruch College, October 28, 1976. http://newman.baruch.cuny.edu/digital/saxe/saxe_1976/chambers_76.htm.

Chandler, Alfred D., Jr. *Scale and Scope: The Dynamics of Industrial Capitalism.* Cambridge, MA: Harvard University Press, 1990.

Cheng, Qiang, and Terry D. Warfield. "Equity Incentives and Earnings Management." June 2004. http://ssrn.com/abstract=457840.

Clark, J. Maurice. *Studies in the Economics of Overhead Costs.* Chicago, IL: University of Chicago Press, 1923.

Cohen, Abby Joseph. "Issues and Outlook 2005." New York: Goldman Sachs, March 2005.

Committee on Accounting Procedure. "Restatement and Revision of Accounting Research Bulletin." New York: American Institute of Certified Public Accountants, 1953.

The Complete Internal Revenue Code. New York: Research Institute of America, 2003.

Cooper, Robin, and Glenn Bingham. "Mayers Tap, Inc." Harvard Business School Case 9-185-024, -025, and -026. Boston: Harvard Business School Publishing, 1984.

Cooper, William D., Charles F. Malone, and Gwendolyn McFadden-Wade. "Establishing the LIFO Conformity Rule." www.nsysscpa.org/cpajournal/1996/0796/newsviews/nv7.htm.

Copeland, Melvin T. *And Mark an Era: The Story of the Harvard Business School.* Boston: Little, Brown, 1958.

D'Arcy, Stephen D. "Insurance Price Deregulation: The Illinois Experience." May 14, 2001. www.business.uiuc.edu/~s-darcy/Fin 431/2005/readings/Illinois%20Experience%20(Revised%202).doc.

Davidson, Sidney. "The Inflation That Won't Go Away and How to Account for It." Speech at Baruch College, November 5, 1979. http://newman.baruch.cuny.edu/digital/saxe/saxe_1979/davidson_79.htm.

Dean, Arthur H. "Employee Stock Options." 66 *Harvard Law Review* 1403, June 1953.

Dean, Joel. "Measuring the Productivity of Capital." *Harvard Business Review* (January–February 1954).

Degeorge, Francois, Jayendu Patel, and Richard Zeckhauser. "Earnings Management to Exceed Thresholds." *Journal of Business* 72, no. 1 (1999).

Economic History Services. www.eh.net/hmit/gdp/.

Economist. "Credit-Rating Agencies: Three Is No Crowd." *Economist,* March 26, 2005.

Economist. "Damaged Goods: The American Economic Model Is Doing All Right. It Could Be Doing Even Better." *Economist,* May 19, 2005.

Evans, Thomas. *Accounting Theory: Contemporary Accounting Issues.* Mason, OH: Thomson South-Western, 2003.

Fama, Eugene F. "Efficient Capital Markets: A Review of Theory and Empirical Work." *Journal of Finance* (May 1970).

Federal Reserve Board. "Uniform Accounts." *Federal Reserve Bulletin,* April 1917.

Federer, William J. *The Interesting History of Income Tax.* St. Louis, MO: Amerisearch, 2004.

Financial Management Network. "Accountable Accounting: Principles or Rules?" Videotaped roundtable discussion hosted by Baruch College's Robert Zicklin Center for Corporate Integrity. Hawthorne, NY: Smart Pros, December 2004 and January 2005.

Fioriti, Andrew A., and Thomas J. Brady. "Anatomy of a Pooling: The AT&T/NCR Merger." *Ohio CPA Journal* (October 1994).

Flegm, Eugene H. *Accounting: How to Meet the Challenges of Relevance and Regulation.* New York: John Wiley & Sons, 1984.

Flesher, Dale L., Paul J. Miranti, and Gary John Previts. "The First Century of the CPA." *Journal of Accountancy* (October 1996).

Forbes, Malcolm S., Jr. "Why Can't Accountants Be Practical?" *Forbes,* June 12, 1978.

Foust, Dean, and Nanette Byrnes. "Gone Flat." *BusinessWeek,* December 20, 2004.

Fox, Justin. "Learn to Play the Earnings Game." *Fortune,* March 31, 1997.

Fox, Justin. "The Next Best Thing to Free Money." *Fortune,* July 7, 1997.

Fox, Justin. "A Startling Notion—The Whole Truth." *Fortune,* November 24, 1997.

Francis, Jennifer, Ryan Z. LaFond, Per Olsson, and Katherine Schipper. "Costs of Capital and Earnings Attributes." May 2003. http://ssrn.com/abstract=414125.

Frankfurter, George M., Bob G. Wood, and James Wansley. *Dividend Policy Theory and Practice.* San Diego, CA: Elsevier Press, 2003.

Frieswick, Kris. "How Audits Must Change: Auditors Face More Pressure to Find Fraud." *CFO,* July 2003.

Galbraith, John Kenneth. *The Great Crash 1929.* New York: Time Inc. 1962.

Garg, Ashish, and William Wilson. "Expensing of Options: What Do the Markets Say?" Ernst & Young's *CrossCurrents,* Fall 2003.

Garsten, Ed. " 'Whiz Kids' Reinvent Automaker." *Detroit News,* June 9, 2003.

Ghemawat, Pankaj. *Strategy and the Business Landscape.* Upper Saddle River, NJ: Pearson Prentice Hall, 2006.

Goff, John, "Who's the Boss?" *CFO,* September 2004.

Graham, John Robert, Campbell R. Harvey, and Shivaram Rajgopal. "The Economic Implications of Corporate Financial Reporting." September 13, 2004. ssrn.com/abstract=491627.

Greene, Richard. "The Joys of Leasing." *Forbes,* November 24, 1980.

Gullapalli, Diya. "Crunch This! CPAs Become the New BMOCs." *Wall Street Journal,* July 29, 2004.

Gullapalli, Diya. "Excise Taxes Muddy Comparisons." *Wall Street Journal,* July 23, 2004.

Hawkins, David F. "The Development of Modern Financial Reporting Practices among American Manufacturing Corporations." *Business History Review* (Autumn 1963).

Hawkins, David F. "Financial Accounting, the Standards Board and Economic Development." Speech at Baruch College, November 12, 1973. http://newman.baruch.cuny.edu/digital/saxe/saxe_1973/Hawkins_73.htm.

Hawkins, David F. *Financial Reporting Practices of Corporations.* Homewood, IL: Dow Jones–Irwin, 1972.

Hendriksen, Eldon. *Accounting Theory.* Homewood, IL: Richard D. Irwin, 1970.

Hirst, D. Eric, and Patrick E. Hopkins. *Earnings: Measurement, Disclosure, and the Impact on Equity Valuation.* Charlottesville, VA: Association for Investment Management and Research, 2000.

Holtzman, Mark P., Elizabeth Venuti, and Robert Fonfeder. "Enron and the Raptors." *CPA Journal,* April 2003. www.nysscpa.org/cpajournal/2003/0403/features/f042403.htm.

Hoxsey, J. M. B. "Accounting for Investors." *Journal of Accountancy* (October 1930).

Hudson, Pat. *History by Numbers.* New York: Oxford University Press, 2000.

"I/B/E/S for Academic Users." http://fisher.osu/fin/resources_data/provider/ibes.htm.

Jenkins, Nicole, and Morton Pincus. "LIFO versus FIFO: Updating What We Have Learned." University of Iowa working paper, September 1998.

Jensen, Michael C. "The Performance of Mutual Funds in the Period 1945–1964." *Journal of Finance* (May 1968).

Jensen, Michael C., and William H. Meckling. "Theory of the Firm: Managerial Behavior, Agency Costs and Ownership Structure." *Journal of Financial Economics* (October 1976).

Johnson, H. Thomas, and Robert S. Kaplan. *Relevance Lost: The Rise and Fall of Management Accounting.* Boston: Harvard Business School Press, 1991.

Johnson, W. Bruce, and William C. Schwartz Jr. "Everyday Pricing: Do Pro Forma Earnings Mislead Investors?" *Investor Relations Quarterly* 5, no. 4.

Joseph, Richard J. *The Origins of the American Income Tax: The Revenue Act of 1894 and Its Aftermath.* Syracuse, NY: Syracuse University Press, 2004.

Kaplan, Robert S., and David P. Norton. "The Balanced Scorecard—Measures That Drive Performance." *Harvard Business Review* (January–February 1992).

Kieso, Donald E., Jerry J. Weygandt, and Terry D. Warfield. *Intermediate Accounting.* 10th ed. New York: John Wiley & Sons, 2001.

Kreisler, Harry. "Robert McNamara Interview: Conversations with History." Interview with Robert McNamara, Institute of International Studies, University of California, Berkeley, April 16, 1996. http://globetrotter.berkeley.edu/McNamara/mcnamara1.html.

"The Largest Bankruptcies, 1980 to Present." www.bankruptcydata.com/Research/15_largest.htm.

Latour, Almar, and Shawn Young. "WorldCom's Sullivan Says He Told CEO of Problems." *Wall Street Journal,* February 9, 2005.

Leary, Carol. "Factors Influencing the Level of Environmental Liability Disclosure in 10-K Reports." Undated, unpublished paper. George Mason University.

Leuz, Christian. "IAS versus US GAAP: A 'New Market' Based Comparison." Wharton working paper, October 2000.

Levitt, Arthur. "The 'Numbers Game.' " Speech delivered at the NYU Center for Law and Business, September 28, 1998. www.sec.gov/news/speech/speecharchive/1998/spch220.txt.

Levitt, Steven D., and Stephen J. Dubner. *Freakonomics: A Rogue Economist Explores the Hidden Side of Everything.* New York: William Morrow, 2005.

Lowenstein, Roger. *Origins of the Crash: The Great Bubble and Its Undoing.* New York: Penguin Press, 2004.

"Market Value: The Debate Rages." *Financial Executive,* January 1993.

Markowitz, Harry. "Portfolio Selection." *Journal of Finance* 7, no. 1 (March 1952): 77–91.

McAnly, Herbert. "How LIFO Began." *Management Accounting,* May 1975.

McKinsey, James O. *Managerial Accounting.* Chicago: University of Chicago Press, 1924.

Mednick, Robert. "Accounting and Financial Reporting in a High Inflation Environment." Paper presented to the Fourth Jerusalem Conference on Accountancy, November 1986.

Micklethwait, John, and Adrian Wooldridge. *The Company.* New York: Modern Library, 2003.

Monson, Dennis W. "The Conceptual Framework and Accounting for Leases." *Accounting Horizons,* September 2001.

Moonitz, Maurice. *Obtaining Agreement on Standards in the Accounting Profession.* Sarasota, FL: American Accounting Association, 1974.

Morgenson, Gretchen C. "Pennies That Aren't from Heaven." *New York Times,* November 7, 2004.

Morse, Dan, and Chad Terhune. "HealthSouth's Scrushy Is Acquitted." *Wall Street Journal,* June 29, 2005.

Nelson, Irvin T. "What's New about Accounting Education Change? An Historical Perspective on the Change Movement." *Accounting Horizons,* Fall 1995.

Ohio State University. *The Accounting Hall of Fame.* http://fisher.osu.edu/acctmis/hall/.

Paton, William A. "Comments on 'A Statement of Accounting Principles.' " *Journal of Accountancy* (March 1938).

Paton, William A., and A. C. Littleton. *An Introduction to Corporate Accounting Standards.* Sarasota, FL: American Accounting Association, 1940.

Pratt, Shannon P. *Cost of Capital: Estimation and Applications.* New York: John Wiley & Sons, 1998.

Previts, Gary John, and Barbara Dubis Merino. *A History of Accountancy in the United States: The Cultural Significance of Accounting.* Columbus, OH: Ohio State University Press, 1998.

Pulliam, Susan, and Almar Latour. "Trial of WorldCom's Ebbers Will Focus on Uneasy Partnership." *Wall Street Journal,* January 12, 2005.

Revsine, Lawrence, Daniel W. Collins, and W. Bruce Johnson. *Financial Reporting and Analysis.* 3rd ed. Upper Saddle River, NJ: Prentice Hall, 2005.

Ripley, William Z. *Main Street and Wall Street.* Boston: Little, Brown, 1927.

Rossotti, Charles O. *Many Unhappy Returns: One Man's Quest to Turn Around the Most Unpopular Organization in America.* Boston: Harvard Business School Press, 2005.

Ryan, Stephen G., et al. "Recommendations on Hedge Accounting and Accounting for Transfer of Financial Instruments." *Accounting Horizons,* March 2002.

Salomon, Ira, and Mark E. Peecher. "SOX 404—A Billion Here, a Billion There . . ." *Wall Street Journal,* November 9, 2004.

Schneider, Craig. "Who Rules Accounting?" *CFO,* August 2003.

Scholes, Myron S., Mark A. Wolfson, Merle Erickson, Edward L. Maydew, and Terry Shevlin. *Taxes and Business Strategy: A Planning Approach,* 2nd ed. Upper Saddle River, NJ: Prentice Hall, 2002.

Sharpe, William F. "Capital Asset Prices: A Theory of Market Equilibrium under Conditions of Risk." *Journal of Finance* (September 1964).

Silva, Dagmar, and Patrick Finnegan. "Analytical Implications of Employee Stock-Based Compensation." Moody's Investors Service, *Rating Methodology,* December 2002.

Sivakumar, Kumar N., and Gregory B. Waymire. "Enforceable Accounting Rules and Income Measurement by Early 20th Century Railroads." April 16, 2002. http://ssrn.com/abstract=308602.

Skeel, David. *Icarus in the Boardroom: The Fundamental Flaws in Corporate America and Where They Came From.* New York: Oxford University Press, 2005.

Sorkin, Andrew Ross. "Ex-Chief and Aide Guilty of Looting Millions at Tyco." *New York Times,* June 18, 2005.

Sorter, George. "Beyond Emptiness and Blindness: Is There a Hope for Accounting Research?" Speech at Baruch College, March 27, 1979. http://newman.baruch.cuny.edu/digital/saxe/saxe_1978/sorter_79.htm.

Spacek, Leonard. *The Growth of Arthur Andersen & Co. 1928–1973: An Oral History.* New York: Garland Publishing, 1989.

Squires, Susan E., Cynthia J. Smith, Lorna McDougall and William R. Yeack. *Inside Arthur Andersen: Shifting Values, Unexpected Consequences.* Upper Saddle River, NJ: FT Prentice Hall, 2003.

St. Goar, Jinny. "Experiment Abandoned." *Forbes,* November 18, 1985.

Staubus, George. "Cherry Pickers' Friend—FASB Proposal Caters to Banks, Insurers." *Barron's,* December 7, 1992.

"Stern Stewart Roundtable on Relationship Investing and Shareholder Communications," *Journal of Applied Corporate Finance* (Summer 1993).

Stewart, G. Bennett, III. "How to Fix Accounting—Measure and Report Economic Profit." *Journal of Applied Corporate Finance* (Spring 2003).

Stickney, Clyde, and Roman Weil. *Financial Accounting: An Introduction to Concepts, Methods and Uses.* 10th ed. Mason, OH: Thomson South-Western, 2003.

Sunder, Shyam. "Properties of Accounting Numbers under Full Costing and Successful-Efforts Costing in the Petroleum Industry." *Accounting Review* (January 1976).

Sunder, Shyam. "Stock Price and Risk Related to Accounting Changes in Inventory Valuation." *Accounting Review* (April 1975).

Sylla, Richard. "A Historical Primer on the Business of Credit Ratings." Paper prepared for conference on "The Role of Credit Reporting Systems in the International Economy," World Bank, Washington, DC, March 1–2, 2001.

Tauzin, W. J. "Billy." "Capacity Swaps by Global Crossing and Qwest: Sham Transactions Designed to Boost Revenues?" Witness List and Prepared Testimony, Subcommittee on Oversight and Investigations, Committee on Energy and Commerce, September 24, 2002. http://energycommerce.house.gov/107/Hearings/09242002 hearing725.

Terhune, Chad, Dan Morse, and Almar Latour. "Why Scrushy Won, Ebbers Lost." *Wall Street Journal,* June 30, 2005.

Tietjen, A. Carl. "Financial Reporting Responsibilities." Speech at Baruch College on April 7, 1975. http://newman.baruch.cuny.edu/digital/saxe/saxe_1974/tietjen_75.htm.

Toffler, Barbara Ley, with Jennifer Reingold. *Final Accounting: Ambition, Greed, and the Fall of Arthur Andersen.* New York: Broadway Books, 2003.

Turner, Lynn E. "The State of Financial Reporting Today: An Unfinished Chapter." Speech at the University of Southern California, May 31, 2001. www.sec.gov/news/speech/spch496.htm.

Vatter, William J. *Managerial Accounting.* New York: Prentice Hall, 1950.

Wallison, Peter J. "Give Us Disclosure, Not Audits." *Wall Street Journal,* June 2, 2003.

Watts, Ross L. "The Evolution of Economics-Based Empirical Research in Accounting." Speech at Baruch College, April 14, 1983. http://newman.baruch.cuny.edu/digital/saxe/saxe_1982/watts_83.htm.

Watts, Ross L., and Jerold L. Zimmerman. *Positive Accounting Theory.* Englewood Cliffs, NJ: Prentice-Hall, 1986.

Weber, Joseph Peter. "Shareholder Wealth Effects of Pooling-of-Interests Accounting: Evidence from the SEC's Restriction on Share Repurchases Following Pooling Transactions." October 2000. http://ssrn.com/abstract=246370.

Wei, Lingling. "FASB Is Expected to Issue Rule on Expensing of Stock Options." *Wall Street Journal,* December 15, 2004.

Weil, Jonathon. "How Leases Play a Shadowy Role in Accounting." *Wall Street Journal,* September 22, 2004.

Welch, Jack, with John A. Byrne. *Jack: Straight from the Gut.* New York: Warner Books, 2003.

Wise, T. A. "The Auditors Have Arrived." *Fortune,* November 1960.

Wolk, Harry I., James L. Dodd, and Michael G. Tearney. *Accounting Theory: Conceptual Issues in a Political and Economic Environment.* 6th ed. Mason, OH: Thomson South-Western, 2003.

Wyatt, Arthur. *A Critical Study of Business Combinations.* New York: AICPA, 1963.

Wyatt, Arthur. "Efficient Market Theory: Its Impact on Accounting." *Journal of Accountancy* (February 1983).

Yee, Kenton K. "Interim Reporting Frequency and Financial Analysts Expenditures." *Journal of Business, Finance, and Accounting* 31 (2004).

Zeff, Stephen A. *The American Accounting Association: Its First 50 Years, 1916–1966.* Sarasota, FL: American Accounting Association, 1991.

Zeff, Stephen A. "The Work of the Special Committee on Research Program." *Accounting Historians Journal* (December 2001).

More Than a Numbers Game: A Brief History of Accounting, by Thomas A. King

ISBN: 9780470008737

图书在版编目(CIP)数据

会计简史/托马斯·金著；周华，吴晶晶译. —北京：中国人民大学出版社，2018.3
（会计经典学术名著）
ISBN 978-7-300-25399-2

Ⅰ.①会… Ⅱ.①托…②周…③吴… Ⅲ.①会计史-世界 Ⅳ.①F23-091

中国版本图书馆 CIP 数据核字（2018）第 007256 号

会计经典学术名著
会计简史
托马斯·金 著
周 华 吴晶晶 译
Kuaiji Jianshi

出版发行	中国人民大学出版社		
社　　址	北京中关村大街 31 号	**邮政编码**	100080
电　　话	010－62511242（总编室）		010－62511770（质管部）
	010－82501766（邮购部）		010－62514148（门市部）
	010－62515195（发行公司）		010－62515275（盗版举报）
网　　址	http://www.crup.com.cn		
经　　销	新华书店		
印　　刷	北京联兴盛业印刷股份有限公司		
规　　格	155 mm×235 mm　16 开本	**版　　次**	2018 年 3 月第 1 版
印　　张	13.75 插页 2	**印　　次**	2022 年 9 月第 4 次印刷
字　　数	188 000	**定　　价**	49.00 元